CONSOLAND
ESTÁN EN

*Historias globales desde
la extraña tierra del dolor*

Rev. Dr. Dale Alan Young

Diseño por la cubierta del libro por Jeannette Aquino

Otros libros publicados por el autor:

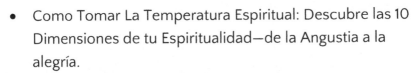

- Como Tomar La Temperatura Espiritual: Descubre las 10 Dimensiones de tu Espiritualidad—de la Angustia a la alegría.
- How to Take Your Spiritual Temperature: 10 Dimensions of Spirituality—from Angst to Joy
- The Spiritual Temperature Companion Workbook: A personal transformation journey into 10 dimensions of spirituality
- Comforting Those Who Mourn: Global Stories from the Strange Land of Grief

Todos los libros están disponibles en

https://www.amazon.com/author/youngdale-alan

Contenido

Prefacio

Experimentar pérdidas es parte de la experiencia humana y ofrecer consuelo con sensibilidad cultural y entendimiento profundo es algo que Dale Young hace con el alma. Esto lo digo desde el fondo de mi corazón, pues siento que compartimos una misión de vida: ayudar al doliente a sanar después de una pérdida. Durante muchos años, tuve el privilegio de que impartiéramos juntos talleres para capacitar a facilitadores de grupos de apoyo en el duelo basados en la fe, y en cada capacitación fui testigo de la pasión y compasión que Dale muestra al compartir su conocimiento con los demás, animado por el profundo deseo de ayudar al doliente. Debido a esto, me sentí altamente honrada cuando Dale me propuso que escribiese este prefacio, ya que lo considero una eminencia en la travesía por el valle del dolor. Dicha travesía la ha llevado a cabo tanto nacional como internacionalmente, al asistir a sobrevivientes de desastres naturales —tales como tsunamis y terremotos— y al palpar la necesidad que existe de crear conciencia sobre la validación del proceso del duelo al sufrir pérdidas traumáticas.

Este valioso libro nace, pues, de ese deseo de crear conciencia al entretejer, de una forma magistral, historias compartidas de sobrevivientes desde Sri Lanka hasta Chile. Es una sinopsis de su vasto conocimiento, como pastor y experto en el tema del duelo, sobre lo que significa transitar las noches oscuras del alma y encontrar la paz luego de explorar y sumergirnos en nuestro terreno espiritual.

De igual manera, Dale da a conocer los elementos necesarios para comprender y acompañar al afligido en sus momentos más dolorosos y, a través de la espiritualidad, llevarlo de la mano hacia un remanso de paz. Lo que él nos sugiere es abrir el corazón para brindar acompañamiento en esos momentos en los cuales podemos sentir que solo la oscuridad impera. Por tal razón, no dudo en considerar que este libro es esencial para las comunidades de fe que necesiten una guía sobre cómo ayudar y acompañar al afligido.

Sabemos que cada vivencia de duelo es única, pues somos seres humanos igualmente únicos. Sin embargo, existe un hilo invisible que une a todos los que hemos padecido una gran pérdida: el sentir que, durante el viaje del duelo, podemos experimentar "una temporada que se siente como la página vacía entre capítulos". El autor, con sus sugerencias y guía espiritual, nos ayuda a escribir esa página a través de la búsqueda del significado personal, así como de la transformación espiritual.

Ligia M. Houben, MA, FT, CGC, CPC
Tanatóloga y consejera certificada en duelo
Autora de *Transforma tu pérdida.*
Una antología de fortaleza y esperanza

Prólogo
Por el Autor

E l COVID-19 nos paralizó. Durante los dieciséis años anteriores, compartí nuestro modelo de apoyo espiritual al duelo tras las catástrofes naturales, empezando por la realización de talleres en Sri Lanka y la India tras el tsunami de 2004. Posteriormente, me invitaron a volver muchas veces para continuar la labor de equipar a las comunidades religiosas locales para consolar a los afligidos.

Mi iniciación en el mundo de los dolientes comenzó durante la crisis del sida de los años noventa, cuando estudié Educación Clínica Pastoral en la Universidad de Miami/Jackson Memorial Hospital. Como único estudiante/capellán bilingüe, me asignaron a la unidad de sida, donde la muerte y la agonía dominaban la rutina diaria de la atención a los pacientes. Un año después empecé a trabajar como capellán en el Miami Children's Hospital durante seis años. Allí fui co-facilitador de un grupo de apoyo al duelo de los padres. Los padres se convirtieron en mis principales maestros al compartir sus historias afligidas de pérdida con el corazón destrozado.

Mas adelante, como capellán del Hospital Bautista de Miami, vi la necesidad de ampliar el apoyo al duelo en las comunidades de fe. Recibimos una subvención para crear un programa de formación de facilitadores de grupos de apoyo al duelo en comunidades religiosas. Para elaborar el plan de estudios del curso, tuvimos la suerte de contar con la experiencia y la sabiduría de Dra. Teddy Tarr, del Crossroads Counseling Center. Durante los siguientes veinte años, formamos a facilitadores de grupos de apoyo al duelo y les ayudamos a poner en marcha sus ministerios de duelo. El programa se expandió a tres condados con cientos de facilitadores formados en múltiples comunidades religiosas, como la católica romana, la protestante, la evangélica, la bautista, la judía, la no confesional y la pentecostal. Con la ayuda de Ligia Houben, consejera en materia de duelo, la capellana Shirley Brown y el reverendo Dr. Gueillant Dorcinvil, pudimos impartir la formación en español, creole e inglés.

Cuando me retiré de la capellanía, creamos una organización sin ánimo de lucro llamada Global Grief Support, Inc. (www.globalgriefsupport.org) para continuar la labor de educación sobre el duelo en las comunidades religiosas y, especialmente, tras las catástrofes naturales. Desde entonces se han realizado talleres de educación en el duelo en Chile, Perú, Colombia, Guyana, Haití, Guatemala, Sri Lanka e India. Agradezco a todos los que han participado en esos talleres en todo el mundo; sus historias de duelo, culturalmente ricas, han mejorado enormemente la comprensión del viaje del duelo a través de las culturas.

Inmediatamente después de las catástrofes naturales, descubrimos que cientos de organizaciones internacionales de ayuda acuden al lugar de la catástrofe para prestar asistencia. Ellos establecen sus operaciones, prestan sus servicios y luego se van. Mientras prestan un apoyo esencial para salvar vidas, la comunidad religiosa de esos lugares se queda con la tarea de proporcionar apoyo emocional y espiritual. Nuestra misión siempre ha sido ayudar a dotar a la comunidad religiosa local con la formación y la educación necesarias para mejorar sus programas de consuelo a los que sufren.

Cuando COVID impidió viajar a los lugares del mundo donde las catástrofes naturales causaban víctimas masivas, decidí escribir el contenido de los talleres en un libro y ponerlo a disposición a las comunidades religiosas de todo el mundo. No se trata de un intento paternalista de enseñar como vivir el duelo a las "pobres víctimas", sino de reunir las historias de todo el mundo y compartirlas. Estos relatos contienen la sabiduría de muchas culturas que enriquecen nuestra comprensión compartida del duelo. Es mi esperanza que este libro se utilice como un recurso entre muchos otros para reforzar la labor de consuelo a los afligidos.

Introducción

———•◆◆◆◆•———

"Consuelen, consuelen a mi pueblo," dijo Isaías. "Bienaventurados los que están tristes, porque serán consolados," dijo Jesús. Nuestro reto es ¿cómo consolamos a los que sufren? Estoy convencido de que estamos mejor equipados para consolar a los afligidos si entendemos el camino del duelo y si comprendemos las tareas del trabajo de duelo. Generalmente, las personas evitamos hablar de la muerte. Podemos sentirnos incómodos, o que no queramos que los demás se sientan incómodos, así que nos abstenemos de hablar de alguien que ha fallecido. Sin quererlo nos privamos del consuelo que surge al compartir nuestras historias de dolor.

En uno de nuestros talleres sobre el duelo, una bibliotecaria nos contó cómo su madre, que se estaba muriendo de cáncer, le hizo prometer que nunca lloraría después de su muerte. Su madre tenía buenas intenciones. No quería que su hija estuviera triste, sin embargo, la madre, al hacer prometer a su hija que no lloraría, creó un tremendo conflicto para la hija. Las lágrimas son para sanar. Sin lágrimas, ¿cómo podemos sanar? La hija había prometido a su madre que no lloraría. Eso significa que la hija se veía privada de lo que podría haber sanado su dolor. La madre no entendía que el duelo requiere evocar recuerdos que provocan lágrimas.

Todos experimentamos pérdidas y nos afligimos por ellas. Perdemos un trabajo y nos afligimos. Perdemos a un amante y nos afligimos. Perdemos la salud y nos afligimos. Podemos sufrir la pérdida de dignidad, libertad o autonomía. No podemos pasar por la vida sin algunas pérdidas. Nos afligimos por aquello que nos daba alegría.

Capítulo Uno

E nrique, un amigo mío, me llamó un día y me dijo que su padre había muerto. Tenía sentimientos encontrados y se sentía algo confuso y culpable por sus sentimientos. Sabía que su padre había abandonado a la familia después de que naciera el hermano de Enrique, Mateo. El padre era ingeniero de minas y trabajaba lejos de casa. Mientras estaba fuera, formó otra familia con una mujer que vivía cerca de las minas. Tras tener dos hijos con la otra mujer, el padre regresó e intentó reconciliarse con su primera esposa, la madre de Enrique. Eso dio lugar a su embarazo, pero antes de que diera a luz, su marido se había marchado de nuevo para volver con la otra mujer. El padre tuvo varios hijos más con su segunda esposa. Enrique, su hermano y su hermana fueron criados por su madre y sus abuelos. Sentían profundamente el dolor del abandono y la pérdida de su padre, aunque éste estuviera vivo en otro lugar. De joven, en un momento dado, Enrique fue a las minas a trabajar con su padre, pero no se llevaban bien y el trabajo juntos no duró.

Enrique tenía una relación de amor/odio con su padre. Pasaron muchos años y cuando Enrique recibió la noticia de que su padre había muerto, tuvo sentimientos encontrados. Su madre y su padre nunca se habían divorciado legalmente. Eso significaba que la madre de Enrique tenía que viajar al otro lado del país para hacer los preparativos del funeral. Allí, ella y Enrique tuvieron el desagradable encuentro con la otra mujer y a sus hijos. Enrique se sintió afligido y enfadado al mismo tiempo. Luego se sintió confuso e incluso culpable por sentir rabia. Se puso en contacto conmigo para ver si podía aclarar algunos de esos sentimientos encontrados. Tras varias largas conversaciones telefónicas, le escribí el siguiente poema.

ESTA ESTANCIA TIENE TU NOMBRE

Lágrimas de angustia.
Lágrimas de pérdida.
A través del profundo abismo
De emociones y kilómetros,
Siento tu dolor.

Lágrimas de pérdida,
Lágrimas de confusión.
Las has derramado antes.
Una vez, de joven, tuviste que luchar
A través de tu dolor
Como una lejana isla solitaria.

Lágrimas de confusión,
Lágrimas de rabia.
Lágrimas derramadas no por él, sino por
Décadas de pérdida sobre pérdida.

Tantas heridas en carne viva piden ser sanadas.
Heridas que no se atreven a abrir ahora,
En su amargo lecho de muerte.

Lágrimas de rabia,
Lágrimas de dolor.
Si pudiera abrazar tu dolor,
te abrazaría hasta que tu temblor cesara.
Te calentaría como una tarde soleada.
Pero tu dolor está más allá de mi abrazo.
El viaje del dolor es el tuyo.

Lágrimas de dolor,
Lágrimas de angustia.
Cómo anhelo rescatarte de los días venideros de la
más oscura penumbra,
Pero un bosque sombrío se interpone entre nosotros.
Esta travesía tiene tu nombre.
No puedo atravesarlo por ti,
Solo tú puedes atravesarlo.

La historia del duelo de Enrique ilustra lo complicado que puede llegar a ser el duelo y el luto. Los sentimientos de ambigüedad en la relación de Enrique con su padre añaden confusión a su dolor. Los retos de consolar a los que están de luto nos llevan a mirar y entender la dinámica del proceso del duelo.

Definiciones de duelo y luto

Vamos a empezar con algunas definiciones de lo que es el duelo y lo que es el luto. Mi profesor del Seminario, el Dr. Herbert Anderson, enseñó que el duelo es una respuesta emocional normal a una pérdida significativa. Decía que el duelo es el trabajo intencional que realiza una persona afligida, que le permite volver finalmente a una vida plena y satisfactoria.

Alan Wolfelt, autor de muchos libros sobre el duelo, escribe: "He aprendido que si queremos sanar, no podemos bordear los límites exteriores de nuestro duelo. Por el contrario, tenemos que atravesarlo, a veces serpenteando por los caminos laterales y otras veces arando directamente en su crudo centro". Dice: "También he aprendido que el viaje requiere un período de luto. Estar de luto es participar activamente en nuestro viaje de dolor". El luto es la expresión cultural del dolor. Hacemos el duelo participando en los ritos habituales del funeral y el entierro, así como en la forma de vestir y los alimentos que comemos.

Kenneth Doka, autor de "Living with Grief" (Vivir con el duelo), explica que, aunque el duelo se define a menudo como la respuesta emocional a la pérdida, las emociones no son toda la historia. Continúa diciendo: "Además de las emociones (sentimientos), una persona en duelo puede experimentar reacciones de naturaleza claramente mental, física, conductual, social o espiritual."

Así pues, hablemos de cuál es la diferencia entre el duelo y el luto. Si el duelo es la respuesta humana normal a la pérdida, el luto es la expresión cultural de la pérdida. Utilizando la definición de Kenneth Doka del duelo, que es algo más que las respuestas emocionales, empezamos a entender que el duelo incluye expresiones físicas, cognitivas, conductuales, sociales y espirituales de la pérdida.

Manifestaciones emocionales del duelo

Veamos las reacciones emocionales a la pérdida. Normalmente, la respuesta a la noticia de una muerte es el entumecimiento. Recibimos una llamada telefónica y nos enteramos de que un ser querido ha muerto, y decimos: "No puedo creerlo". Esa es una defensa humana natural. No podemos creerlo, o no queremos creerlo. Es demasiado para asimilarlo de golpe; necesitamos tiempo para asimilar el shock. Podemos negar que la muerte haya ocurrido y andar durante días diciendo que parece un mal sueño, que no es real, una pesadilla. Seguimos diciendo: "No puedo creerlo". Eso parece ayudarnos a sobrellevar el momento. Lo que nos decimos es que necesitamos más tiempo. Además, la noticia de la muerte es tan profunda que si la reconociéramos de una vez nos abrumaría. Así que lo negamos o intentamos minimizarlo. Es posible que caminemos durante días sintiéndonos entumecidos.

Una de las reacciones emocionales más comunes ante la pérdida es la ira. Si nuestro ser querido muriera a causa de una negligencia médica, sería normal sentir ira. Si nuestro ser querido muriera a causa de la violencia, estaría justificado que sintiéramos ira. Probablemente no sea eficaz aconsejar a una persona en duelo que no se enfade. Ciertamente, provocará más ira si se dice: "No es cristiano enfadarse". Así pues, convengamos en que la ira puede ser una respuesta humana normal a una pérdida. La ira puede ser problemática; puede llevar a sentimientos de venganza. La ira puede hacer que una persona quiera tomar a la justicia por sus propios manos. La ira que se convierte en venganza no es algo que queramos fomentar o apoyar.

Cuando la ira se interpone en el camino del duelo

Así como el duelo es la respuesta normal a la pérdida, la ira es una reacción emocional normal a la pérdida. En el duelo normal, la ira puede dirigirse al ser querido que ha muerto, como en el caso de "¿por qué me has abandonado?". Pero, cuando la pérdida se debe a una muerte violenta, la ira suele dirigirse contra el causante de la muerte, especialmente en casos de asesinato, violencia de bandas o de un tirador en masa.

Una madre de Colombia, cuyo hijo murió a manos de un narcotraficante, describió cómo organizó un grupo de hombres armados y marchó hasta el barrio donde vivía el asesino de su hijo con la intención de quitarle la vida en venganza. Nunca encontraron al que mató a su hijo. Meses después, la madre participó en un taller de formación que impartí en Bogotá. Contó a nuestro grupo cómo su ira y su rabia habían consumido su vida. Lo único en lo que pensaba día y noche era en la venganza. Dejó su trabajo de duelo "en suspenso" mientras su ira envenenaba su vida cotidiana.

Un padre, cuyo hijo fue asesinado en la escuela, asistió al juicio del asesino de su hijo. El proceso judicial se prolongó durante muchos meses. Mientras tanto, el padre decidió que no podía seguir permitiendo que la ira controlara su vida. Sentía que había desarrollado una esclavitud a la ira. Finalmente, decidió perdonar al agresor, no porque el tipo mereciera piedad, sino porque el padre necesitaba liberarse de la esclavitud de la ira. Una vez que lo hizo, se liberó para procesar su duelo.

A veces, la ira se interpone en el camino del dolor. Por decirlo de otro modo, a menudo es más fácil acudir a nuestra ira que entrar en ese lugar profundo de tristeza llamado duelo. La ira es una emoción que está más que dispuesta a sustituir a la tristeza, especialmente si las personas que nos rodean no nos dan permiso para expresar el dolor.

Nuestro viaje de dolor puede ser fácilmente secuestrado por un deseo de venganza o de justicia. La madre colombiana finalmente dejó de lado su compulsión de venganza y se centró en hacer su trabajo de duelo. Llegó a un punto en el que decidió que su odio estaba dominando su vida y que mientras mantuviera esa rabia, el asesino de su hijo seguiría controlando su vida. Cuando abandonó su pasión por la venganza, se sintió libre para reconstruir su ser espiritual. Ese fue el camino de su sanación.

He aquí algunas preguntas que podrías hacerte...

1. ¿Has experimentado alguna vez una pérdida en la que tu ira se haya apoderado de tu vida?

2. ¿Has estado alguna vez rodeado de una comunidad (familia, amigos, grupo religioso) que no te ha dado permiso para expresar en la tristeza del dolor?

3. ¿Es posible "buscar la justicia" y también hacer nuestro trabajo de duelo?

Por otro lado, la ira es una emoción que puede transformarse en una acción positiva. Por ejemplo, un médico que hacía visitas a domicilio nunca tuvo cuidado de lavarse las manos antes de atender a sus pacientes. El doctor había visitado un hogar en el que una persona se estaba muriendo de COVID-19 y pasó de ese hogar a la siguiente visita sin usar una mascarilla. Tampoco se lavó las manos antes de visitar a una anciana que tenía cáncer de pulmón. Al poco tiempo, ella cayó muy enferma y murió a causa del coronavirus. La familia se sintió tan enfadada con el médico que empezó a organizar una protesta y exigió que el personal sanitario llevara mascarilla y se lavara las manos antes de visitar al siguiente paciente.

Su enfado se convirtió en una acción que probablemente salvo muchas vidas. Ahí vemos que la ira no es necesariamente algo malo. Es una reacción humana normal ante la pérdida, y no debemos juzgar la ira, sino fomentar formas de transformar la ira en justicia reparadora.

Otras emociones normales del duelo

El sentimiento de culpa es otra reacción emocional común a la pérdida. Los familiares supervivientes pueden sentirse culpables por no haber llevado a su ser querido al hospital a tiempo. Pueden sentirse culpables porque no hicieron lo suficiente o porque no tenían los recursos económicos para llevar a su ser querido a una clínica privada. Un ser querido puede sentirse culpable porque estaba lejos en un viaje de negocios y no estuvo allí durante los últimos días para acompañar al ser querido moribundo.

La reacción emocional más común ante la pérdida es la tristeza. Puede expresarse mediante lágrimas y suspiros, un corazón roto y un profundo pesar. A la mayoría de nosotros no nos gusta ver a la gente abrumada por la tristeza y esa es una de las razones por las que nos cuesta tanto estar presentes con las personas que están tristes. Queremos animarles, hacerles reír, no porque lo necesiten, sino porque nos sentimos incómodos con su tristeza.

Una hija de nueve años que perdió a su hermano en un accidente de autobús observaba impotente a su madre triste. Habían pasado meses desde el funeral y la madre seguía destrozada y devastada. Seguía con las actividades de cocinar, limpiar y cuidar de la familia, pero su entusiasmo había desaparecido y tenía poca energía y ojos tristes. Después de meses de ver la tristeza de su madre, la hija comentó: "He perdido a mi hermano, pero también he perdido a mi madre porque ya no es la persona que era. Camina por la casa con la cabeza gacha, sollozando y suspirando, y se preocupa por su familia solo a medias. Esta no es la madre que conocí antes. Quiero que vuelva a ser como era". La niña de nueve años sufría múltiples pérdidas. No solo perdió a su hermano, sino que, desde el funeral, su madre ya no estaba a su lado de la misma manera que antes. Eso también es una pérdida que hay que lamentar.

La ansiedad también es una reacción normal a la pérdida. La mayoría de nosotros vamos por la vida sin pensar en nuestra mortalidad. Dejamos ese pensamiento en algún lugar y no pensamos en él hasta que la muerte de un ser querido nos recuerda que nosotros también podemos morir. La ansiedad por la muerte puede ser provocada por ver un cadáver o por asistir a un funeral. La ansiedad por la muerte también puede ser provocada simplemente por ver a un peatón atropellado por un automóvil. La ansiedad nos hace sentir vulnerables e inseguros. La ansiedad está estrechamente relacionada con el miedo y juntos sacuden nuestros cimientos emocionales. Probablemente no sea útil decirle a alguien: "No deberías sentirte así". Es mucho mejor acompañar a alguien que está ansioso y darle la seguridad de que no se la abandonará.

Algunas personas sienten una sensación de alivio cuando muere un ser querido. Esto ocurre cuando alguien ha estado sufriendo durante mucho tiempo y ha padecido dolores. Cuando finalmente muere después de una larga enfermedad, los seres queridos pueden decir: "Ya no está sufriendo". Entonces, hay un sentimiento de alivio porque el sufrimiento finalmente ha terminado. No debemos juzgar a un cónyuge por sentir alivio ante

CONSOLANDO A LOS QUE ESTÁN EN DUELO | 27

la muerte de un ser querido. El cónyuge superviviente puede haber estado de duelo durante meses o años mientras su ser querido se iba lentamente al otro mundo. El duelo se produjo en anticipacion de la muerte. Debemos tener cuidado de no juzgar. El duelo es una experiencia individual relacionada con muchos factores e influencias. Nuestra labor no es juzgar, sino ser un compañero atento y compasivo.

La soledad es muy común tras la pérdida de un ser querido. Cuando un cónyuge muere después de un largo matrimonio de unos cincuenta años, la viuda se sentirá naturalmente sola. Una larga vida en común crea una sensación de normalidad que se ve sacudida por la pérdida del cónyuge. El viudo o la viuda tendrá que encontrar la manera de arreglárselas sin la presencia de su compañero de vida. Puede haber una familia numerosa con muchos hijos, hijas y nietos, pero no experimentan la pérdida de la misma manera. El duelo es una experiencia solitaria. Si alguna vez te has sentido solo en una gran multitud, tienes algún indicio de la soledad del duelo.

Capítulo Dos

Manifestaciones físicas del duelo

La mayoría de nosotros puede identificarse con las manifestaciones físicas del duelo. Podemos experimentar la pérdida de apetito. Algunos pueden recurrir solo a la comida reconfortante. Podemos tener dolores corporales. Las personas que están de duelo suelen sentir tensión física y náuseas.

La incapacidad para dormir es común. Después del tsunami asiático, visité un campo de damnificados en el sur de Sri Lanka, donde conocí a Krishna, un joven que afirmaba haber sufrido más que cualquier otra persona en toda Sri Lanka. Cuando nos contó su historia del tsunami, supimos que cuando la gran ola llegó a la costa, corrió y agarró a sus dos hermanas de la mano y corrieron tan rápido como pudieron. Mientras muchos en su pueblo se ahogaron en el tsunami, él pudo salvarse a sí mismo y a sus hermanas. Sin embargo, le atormentaba el insomnio. Dijo: "Por la noche, cuando pongo la cabeza en la almohada para dormir, las olas vienen (a mi mente) y no puedo dormir". Krishna está traumatizado por la experiencia cercana a la muerte. El recuerdo de escapar corriendo de la gran ola le atormentó hasta el punto de agotarse.

Manifestaciones cognitivas del duelo

A continuación, reconocemos que existen manifestaciones mentales (cognitivas) del duelo. Es muy común experimentar el shock y la confusión cuando escuchamos la noticia de la muerte de un ser querido. La noticia puede ser tan abrumadora que nos sentimos aturdidos y conmocionados. Los estudiantes que están de duelo pueden sentirse incapaces de concentrarse para hacer sus tareas. Pueden experimentar una menor capacidad de atención. En su mente pueden repasar constantemente la pérdida. Especialmente si se trata de una pérdida traumática, la repetición constante del momento trágico se repite una y otra vez en su mente, lo que les cansa. Algunos de los afligidos experimentan una alteración del juicio. Pueden sentirse distraídos y olvidadizos.

Una persona experimentando duelo puede tomar decisiones precipitadas de las que luego se arrepentirá. Por ejemplo: un marido salió corriendo del hospital después de que su esposa diera a luz a un niño muerto. En anticipación del nacimiento, habían decorado un dormitorio para el niño que esperaban. Tenían una cuna con juguetes. Colgaron adornos de mariposas del techo. Un peluche esperaba en la cuna para recibir al nuevo bebé. El marido se sintió desolado porque su mujer había perdido al bebé y lo único que se le ocurrió hacer fue correr a casa y quitar todo lo que había en el dormitorio para que, cuando su mujer volviera a casa, no se atormentara con el recuerdo de la pérdida.

Desgraciadamente, había actuado con demasiada precipitación y muy poca reflexión. Cuando su mujer volvió a casa y vio que no quedaba nada en el dormitorio que les recordara al niño, se sintió enfadada y furiosa con su marido. Él no había consultado con ella. No habían decidido juntos deshacerse de todas las cosas del bebé. Sentía un "vínculo continuo" con el bebé que había nacido muerto y necesitaba tiempo para procesar la pérdida. Estaba furiosa con su marido por no haber tenido en cuenta sus sentimientos antes de tomar decisiones precipitadas.

Una de las primeras manifestaciones mentales es la incredulidad. Si alguien te llama por teléfono y te informa de que un ser querido ha muerto, tu primera reacción es: "No me lo puedo creer". La incredulidad es muy común. Puedes ir a un funeral y escuchar a la gente decir: "Me siento como en un sueño. No puedo creerlo". O pueden decir: "Pronto me despertaré y descubriré que nada de esto sucedió realmente". Algunas personas dicen que sienten que se están volviendo locas. Puede ser solo una sensación momentánea, pero es confusa y te hace sentir anormal.

La confusión y el olvido son reacciones mentales comunes ante una pérdida. Una persona en duelo puede ir a otra habitación de la casa y olvidar por qué fue allí. Una persona afligida puede estar confundida sobre qué día es. Por ejemplo, una viuda se vistió para ir a la iglesia el martes por la mañana y se dirigió a ella pensando que era domingo. Cuando llegó, notó que la iglesia estaba vacía y que no había servicio de adoración. Se sintió confundida y desorientada. Un trabajador de la iglesia la vio y le preguntó si podía ayudar a la viuda de alguna manera. La secretaria de la iglesia pronto comprendió que la viuda estaba confundida. Acompañó a la viuda a su casa, ofreciéndole conversación y compañía. Intentó que la viuda no se sintiera anormal mentalmente. Los momentos de confusión y olvido pueden ser una manifestación común del duelo.

Manifestaciones conductuales del duelo

A continuación, hablaremos de los cambios de comportamiento entre los afligidos. Por ejemplo, una persona que normalmente se nutre de la interacción social con la familia y los amigos, puede querer estar sola. Esa persona puede aislarse y abstenerse de participar en las actividades familiares. Los amigos y la familia reaccionarán ante la persona que se ha retraído con preocupación. El duelo es muy personal y, dependiendo de cómo se haya socializado la persona, puede buscar apoyo social durante el duelo o retirarse de la interacción social. Los hombres tienden a elaborar su duelo sin comunicarse verbalmente. Pueden centrarse en un proyecto de trabajo para mantenerse ocupados. Los adolescentes suelen preferir salir con sus amigos en lugar de pasar tiempo con la familia. Las mujeres tienden a buscar el apoyo social de otras mujeres. Durante los primeros días después de la muerte y el día del funeral las mujeres se reúnen para cocinar y servir comida a los invitados y al servir la comida interactúan y se apoyan mutuamente.

Uno de los comportamientos más difíciles es la automedicación mediante el consumo de alcohol, tabaco o medicamentos. Algunas personas desean amortiguar el dolor de la pérdida bebiendo alcohol. Este puede ser un comportamiento avalado por la cultura. Por ejemplo, (Haití) proporcionar alcohol a los hombres que llevan el ataúd al cementerio. En Chile, es costumbre que los hombres hagan una hoguera afuera de la casa de la familia afligida. El vino fluye con abundancia mientras los hombres se sitúan alrededor del fuego y cuentan historias de su amigo o pariente fallecido. El consumo de vino ayuda a liberar la lengua para compartir las historias.

En algunas culturas latinoamericanas, durante el velatorio o el funeral, no es raro que se comparta discretamente un tranquilizante. La intención puede ser suavizar el dolor del duelo, pero no recomendamos el uso de drogas o alcohol como terapia. El dolor emocional es una parte integral del duelo y los afligidos tienen derecho a llorar. Sin embargo, reconocemos el poder de la cultura que integra el uso del alcohol en momentos de duelo.

Manifestaciones sociales del duelo

Cuando un padre o una madre mueren, la familia tiene que reorganizar quién hace qué. Los roles pueden cambiar. Tras la muerte de su esposa, un padre puede dirigirse a la hija mayor y decirle: "Ahora eres la mujer de la casa. Tienes que cuidar de tus hermanos menores". Eso cambiaría profundamente el papel de la hija. Un cambio de rol como ése repercutiría en la forma en que ella se aflige y en cómo afronta la pérdida de su madre.

Lo mismo puede ocurrir cuando el padre muere y la esposa se dirige al hijo mayor y le dice: "Ahora eres el hombre de la casa".

No tiene que ser una muerte para que esto ocurra. Roberto era el hijo mayor de una familia de seis hijos. Cuando tenía 15 años, su padre, dejó a su mujer, abandonó a la familia, lo que significó que la madre de Roberto se quedó sola criando a sus seis hijos. Roberto tuvo que dejar la escuela, antes de graduarse, para conseguir un trabajo para mantener a la familia. Su papel cambió bruscamente. Se sintió traicionado por su padre y enfadado por la interrupción de sus planes académicos. Nunca terminaría la escuela y, en consecuencia, tendría que aceptar trabajos de poca monta. Esperaba ser dentista, pero ahora lavaba platos en el restaurante de un hotel. Su sueldo apenas cubría el coste del transporte en autobús para ir y volver al trabajo.

Raúl, un pescador, perdió a su mujer en el terremoto y su barco se hundió. Raúl tenía dos hijas pequeñas que cuidar. Había perdido su barco y sus redes de pesca y estuvo sin trabajo durante varios meses. Una organización de ayuda para catástrofes se presentó en su pueblo pesquero y Raúl recibió una nueva embarcación y redes de pesca. Pero no podía ir a pescar y dejar solas a sus dos hijas. Se dirigió a un pueblo cercano y pidió a su hermana viuda que viniera a ayudar. Ella vino y sustituyó a la madre, cuidando de las dos hijas pequeñas, permitiendo a Raúl ir a pescar. Como consecuencia de la muerte de la madre, hubo que reorganizar el sistema familiar.

La muerte de un padre o abuelo que había sido el centro de la vida familiar crea un enorme vacío en el sistema familiar. Si el progenitor fallecido es el sostén de la familia, toda la familia sufre y puede tener que reorganizarse para sobrevivir.

En un taller de formación sobre el duelo en Gressier (Haití), una mujer contó su historia sobre lo que ocurrió cuando murió su marido. Ella había casado por amor con el hijo mayor de una familia de empresarios ricos. Venía de una familia pobre, pero su marido la convenció de que eso no sería un problema. La familia de él era propietaria de una ferretería y, poco después de casarse, ambos se mudaron al apartamento situado encima de la tienda. Juntos gestionaron el negocio y les fue muy bien económicamente. La familia de él nunca la acogió ni aceptó del todo porque ella no tenía la misma educación que su familia. Tenían dos hijos pequeños cuando su marido murió en un accidente de coche. Poco después del funeral, su familia se hizo cargo del negocio de ferretería y le pidió a ella que abandonara el apartamento. El negocio había estado a nombre de su familia y ella no tenía ningún recurso legal, ni los fondos para contratar un abogado y buscar su parte del negocio. De repente se encontró sola, criando a dos hijos, sin trabajo y sin hogar. No tuvo tiempo para lamentarse; toda su energía se destinó al modo de supervivencia. Este es un ejemplo de cómo una situación social puede influir en el proceso de duelo.

Los sistemas familiares pueden ser abiertos o cerrados al apoyo exterior. Algunas familias, antes de la pérdida de un ser querido, han desarrollado una red de apoyo social de amigos, vecinos y comunidades religiosas. Cuando se produce una muerte, su red de apoyo se activa y acogen la ayuda afuera de la familia. Por otro lado, hay familias que se encierran en sí mismas cuando ocurre una muerte. Cierran el círculo, se apoyan unos a otros en la familia, pero no permiten que los de fuera penetren en el espacio íntimo del sistema familiar.

Las disputas por la propiedad pueden complicar el camino del duelo. Patricio vivía con su madre, un hermano y una hermana en la casa de sus queridos abuelos. Su abuelo había trabajado para una empresa minera y había construido una hermosa casa cerca de la playa. Los abuelos tenían cinco hijos; uno de ellos era la madre de Patricio. Tras la muerte del abuelo, la abuela no tardó en morir de pena.

Tras su muerte, los demás hermanos aparecieron y exigieron que se vendiera la casa del abuelo y que cada uno de los cinco hijos e hijas recibiera una parte igual. Esto era problemático para la madre de Patricio, que nunca había trabajado fuera de casa y cuyo marido había abandonado a la familia hacía seis años. Ella había cuidado fielmente de su padre y de su madre durante su jubilación y su enfermedad hasta su muerte. Había cocinado para ellos, lavado su ropa, limpiado la casa y, básicamente, los había cuidado cuando se hicieron demasiado mayores para valerse por sí mismos. Sentía que debía heredar la casa. Todos los demás hermanos tenían cónyuges que trabajaban. Todos tenían empleo y tenían sus propias casas. A ella le parecía injusto que exigieran la venta de la casa. La disputa por la propiedad se hizo muy intensa hasta el punto de que los tíos de Patricio ya no se hablaban con su familia. La familia se fragmentó y el camino del duelo se complicó por la ruptura familiar.

Los niños también se ven afectados socialmente durante su periodo de duelo. Cuando mi hermana murió de una falla cardíaca a los ocho años, mi profesora y todos los alumnos de mi clase se presentaron en la iglesia para el funeral. Me sorprendió y me alegró que acudieran al funeral para mostrar su apoyo. Sin embargo, tras un periodo de luto, volví a la escuela y descubrí que la gente se alejaba de mí. Los estudiantes con los que normalmente me relacionaba se mantenían alejados. Me encontré cada vez más solitario y no comprendí, en ese momento, que probablemente se sentían incómodos y no sabían qué decirme, así que en lugar de hablar conmigo, se mantuvieron a salvo y se alejaron. Eso me dejó aún más aislado socialmente. Afortunadamente, tenía un mejor amigo con el que podía hablar y que me acompañó a lo largo de mi viaje de duelo.

El aislamiento social tras el duelo no significa necesariamente que la persona afligida se auto aísla, sino que puede significar que la gente del trabajo o de la escuela no sabe comunicarse contigo. Esto puede ser cierto incluso cuando se vuelve a la iglesia después de una pérdida. La gente de la iglesia puede querer animarte con citas de la Biblia, o puede querer verte feliz de nuevo, pero sus esfuerzos pueden ser inútiles. Puede que te sientas enfadado o molesto con ellos porque no te dan el espacio para llorar tu pérdida.

Manifestaciones espirituales del dolor

La fe, las creencias y la espiritualidad pueden ayudarnos o entorpecer nuestro camino hacia el duelo. Para muchos de nosotros, la fe en Dios nos proporciona una base sólida, consuelo, fuerza, inspiración y esperanza. Nuestra creencia de que hay vida después de la muerte nos reconforta y nos da una sensación de paz mientras hacemos el duelo. Si la muerte era esperada y hubo tiempo para reunir a la familia y a los seres queridos para orar, bendecir y despedirse de la persona que fallece, la transición de esta vida a la del más allá puede ser una experiencia hermosa.

Por el contrario, cuando la muerte es inesperada, trágica o complicada, la experiencia de la muerte puede provocar dificultades en el camino del duelo. Cuando serví por primera vez a una iglesia como pastor joven, parece que muchos de los antiguos feligreses estaban esperando a que apareciera el nuevo pastor para morir, porque pronto tuve que hacer un funeral tras otro. Como parte de mi atención pastoral, visitaba a los enfermos en los distintos hospitales de nuestra zona urbana, además de hacer visitas a domicilio. Me di cuenta de que había una gran diferencia en la forma en que las familias afrontaban la muerte y el fallecimiento de un ser querido. Algunas familias eran cálidas, acogedoras, pacíficas e incluso alegres cuando se reunían en torno al moribundo. En esos casos, la muerte se aceptaba como una parte natural de la vida. El moribundo había hecho las paces con la familia y con Dios. Pusieron todas sus preocupaciones en las manos de Dios y aceptaron la voluntad de Dios con paz.

Y entonces, me di cuenta de que otras familias estaban disgustadas, enfadadas, discutiendo e incluso hostiles. Puede que hayan estado luchando contra la enfermedad del cáncer con malos resultados. Pueden estar enfadados con los médicos o en desacuerdo entre ellos sobre cuál es el mejor plan de tratamiento. Pueden sentir que sus oraciones no han sido respondidas. Pueden sentir que Dios les ha abandonado y cuando el representante de Dios se presenta, es decir, el pastor, exigen respuestas; "¿Por qué Dios no responde a nuestras oraciones?" "¿Por qué nos ha abandonado Dios?" ¿Por qué permite Dios que nuestro ser querido sufra así?" "¿Es Dios indiferente a nuestro sufrimiento?" Esperan que el pastor tenga todas las respuestas.

Empecé a preguntarme: "¿Cuál es la diferencia entre una muerte buena y una muerte no tan buena?". ¿Por qué un contraste tan profundo entre una familia y otra? Parte de la respuesta tiene que ver con las circunstancias que rodean la muerte. La familia puede estar disgustada con un ser querido moribundo que no cuidó bien de su salud. Por ejemplo, pueden culpar al que se está muriendo de cáncer de pulmón porque se negó a dejar de fumar. La familia puede no tener mucha compasión por el tío José, que se está muriendo de cirrosis hepática tras muchos años de adicción al alcohol. Cuando la familia culpa al que se está muriendo, el duelo puede mezclarse con la ira.

Bernardo trabajaba en la República Dominicana, enviaba dinero a su familia en Haití y iba a la casa durante sus vacaciones o fines de semana largos. Él y su mujer tenían dos hijos. En junio, la mujer recibió una llamada del jefe de Bernardo en la que le informaba de que Bernardo había muerto en camino a una conferencia. No había estado enfermo. No tenía problemas de salud crónicos. Viajaba en un vehículo con una docena de pasajeros cuando, de repente, se desplomó. La esposa sospecha que puede haber sido envenenado. Cree que un compañero de trabajo celoso puede haber utilizado la brujería (vudú) contra él. Lleva varios años rezando para que Bernardo vuelva a la iglesia, pero él no estaba interesado. Oró diariamente por su seguridad y ahora siente que Dios no escuchó sus oraciones. Dejó de ir a la iglesia porque, según sus palabras, "mientras Bernardo estaba vivo, siempre recé por su buena salud y seguridad, pero Dios no lo protegió, así que ¿por qué debería ser fiel a Dios ahora? Dios no me fue fiel". Su pérdida de fe en Dios hará que su duelo sea más complicado.

Afrontar la pérdida de un ser querido no es algo fácil. Muchas personas se acercan a Dios en busca de consuelo y fortaleza, mientras que otras se sienten más alejadas de Dios. Algunas personas que nunca asistieron a la iglesia, en su dolor, comenzarán a ir a la iglesia para buscar respuestas y consuelo. Otros, que asistieron fielmente a la iglesia durante años, en su dolor, abandonarán la iglesia porque sienten que la iglesia, su fe o Dios los abandonaron. La pérdida de un ser querido puede tener un impacto significativo en la fe y la espiritualidad.

Asistir a un funeral puede ser toda una experiencia espiritual. Un funeral nos recuerda a todos de que somos mortales y que un día, nosotros también estaremos dentro de ese ataúd y nos meterán en una tumba. Por eso, para muchos de nosotros, un funeral nos hace reflexionar sobre la vida y la muerte, el sentido de la vida, el propósito de nuestra vida y nuestras relaciones con la familia y los amigos. Un funeral puede ser una llamada de atención. Después de presenciar el servicio fúnebre y el servicio de entierro, no hay duda de que nuestro ser querido ha muerto. No se puede escapar de ese realidad y por tanto tampoco se puede escapar de la conciencia de nuestra propia mortalidad. Eso es probablemente algo bueno porque, nos guste o no, nos encontramos en un territorio espiritual.

Mientras dirigía un taller de duelo en Colombia, una madre contó la historia del asesinato de su hijo por una banda de narcotraficantes. Ella vivía en Medellín en ese momento y había advertido a su hijo que se mantuviera alejado de las drogas y de las bandas que controlaban muchos de los barrios. Se enteró de la muerte de su hijo a través de sus amigos, que decían saber qué banda había matado a su hijo. En su furia, ella organizó un grupo de vigilantes, con los amigos de su hijo y armas contratadas y procedieron a subir la colina hasta el barrio donde vivía la banda contraria. Quería vengarse de la muerte de su hijo. Su ira y su dolor le provocaron tal rabia que lo único en lo que pensaba era en la venganza. Más tarde, en nuestro taller, dijo: "Doy gracias a Dios por no haber encontrado a la banda ese día y porque no hubo un tiroteo". Continuó: "Ahora, he dejado la venganza en manos de Dios. Estoy haciendo mi trabajo de duelo y parte de eso es aprender a perdonar". De su historia, podemos aprender que la rabia y el deseo de venganza complica el camino del duelo.

CONSOLANDO A LOS QUE ESTÁN EN DUELO | 41

Como pastores y líderes de comunidades religiosas, nos esforzamos por encontrar formas de consolar a quienes han perdido su fe en Dios. A veces no comprendemos que el duelo puede ser un largo viaje, como el viaje de regreso de Babilonia a Jerusalén después de un período de exilio. Puede haber muchos peligros a lo largo del viaje, y hay muchas tareas en el camino. En nuestra prisa por ayudar, a veces queremos arreglar o reparar la relación con Dios al principio del viaje. Sin embargo, cuando empezamos a comprender todo lo que implica el viaje del duelo, podemos añadir una medida de sabiduría a nuestra ayuda y decidir acompañar a los que sufren, reconociendo su necesidad de llorar y afirmando que el trabajo de duelo puede abrir un camino hacia la plenitud espiritual.

La culpa es otro factor que complica el duelo. Podemos sentirnos culpables por no haber llevado a nuestro ser querido al médico a tiempo. Podemos sentirnos culpables por no haber llevado a nuestro ser querido a un hospital mejor. Otro miembro de la familia puede culparnos por nuestras acciones o por no haber actuado. Si conducíamos el vehículo que se estrelló y nuestro ser querido murió, nos sentiremos culpables incluso si el accidente fue culpa del otro conductor. Podemos experimentar la culpa del superviviente, diciendo: "Debería haber sido yo el que murió". Cuando la culpa es un factor de nuestro duelo, el reto es cómo perdonarnos a nosotros mismos.

José y Gilberto, mejores amigos, llegaron a casa de Gilberto después del colegio. Los padres no habían regresado del trabajo. Descubrieron la pistola del padre de Gilberto y empezaron a jugar con ella, suponiendo que el arma no estaba cargada. La pistola disparó y mató a José. Fue un accidente, pero Gilberto sintió tanto remordimiento y culpa que intentó suicidarse. No lo consiguió, pero su familia lo vigiló de cerca y se aseguró de que no se hiciera daño. Cargó con esa culpa durante el resto de su vida, incapaz de perdonarse a sí mismo. El impacto de su culpa en su vida fue inconmensurable.

Por último, el peregrinaje de nuestro dolor nos lleva a preguntarnos por el sentido de la vida. Esta es una búsqueda espiritual. "¿Qué significó para mí la vida de mi ser querido?" "¿Qué significa ahora mi vida teniendo en cuenta que ahora he tenido esta pérdida?" "¿Cómo puedo dar sentido a mi pérdida?" "¿Puedo transformar mi pérdida en algo significativo?"

En un taller de formación de apoyo al duelo en Miami, el padre de un escolar que había sido asesinado en un ataque con cuchillo compartió cómo asistía a todas las audiencias judiciales relacionadas con el caso. Quería estar seguro de que el asesino de su hijo cumpliría cadena perpetua. El dolor y la angustia de su historia siguieron abrumando sus emociones mucho tiempo después de la muerte. Apenas podía contar la historia sin derrumbarse. Pero, finalmente, tras muchos meses de trabajo intencional de duelo, llegó a un punto en el que quería ofrecer consuelo y apoyo a otros padres que habían perdido a sus hijos a causa de la violencia. Él y su señora crearon un grupo de apoyo al duelo en su iglesia y empezaron a comunicarse con los padres cuyos hijos habían muerto a causa de la violencia. Pronto su grupo creció hasta tener más de vente participantes. Ahora dedican su vida a ayudar y apoyar a los padres cuyos hijos han sido asesinados. Han transformado su pérdida y su dolor en una vida llena de significado y propósito.

Capítulo Tres

El duelo como proceso individual

La forma de hacer el duelo depende en gran medida del tipo de pérdida, de la naturaleza de la relación con la persona fallecida, de las circunstancias que rodean la muerte, de la expresión cultural del duelo y de la personalidad del doliente.

Veamos primero la personalidad del doliente. En nuestros sistemas familiares, todos tenemos miembros de la familia que son sensibles, emotivos y comprensivos, así como otros miembros de la familia que son más estoicos, menos apasionados o incluso indiferentes. Algunas personas están abiertas a recibir el apoyo de los demás, mientras que otras prefieren aislarse y hacer el duelo a solas. Si una persona ha tenido muchas pérdidas a lo largo de su vida, quizá acepte con resignación una pérdida más. Mientras que una persona más joven que nunca ha tenido una pérdida puede sentirse paralizada por el dolor. No queremos juzgar a las personas más frágiles como débiles, ni a las que parecen indiferentes. La personalidad y la experiencia vital de cada persona contribuyen a como enfrenta la pérdida. Para los que apoyamos y consolamos a los que sufren, es importante recordar que el duelo es un proceso individual, y debemos respetar a cada uno.

Tipo de pérdida

La forma de enfrontar el duelo depende a menudo del tipo de pérdida. ¿La muerte fue esperada o inesperada? ¿Fue un accidente? ¿Hubo abuso, negligencia o violencia relacionados con la muerte? La respuesta al duelo será diferente si se trata de una persona mayor que ha muerto tras una larga enfermedad, en comparación con la muerte de un niño que ha sufrido un accidente. A veces, un moribundo que ha sufrido mucho suplicará a la familia y a Dios que "me dejen morir". Cuando se produce la muerte, es percibida como un alivio al sufrimiento.

La muerte de los padres será más traumática para los niños pequeños. Si uno tiene cincuenta años, una carrera y su propio cónyuge e hijos, la muerte de un padre puede ser menos traumática que para un niño de seis años que se pregunta en voz alta: "¿Quién cuidará de mí?" o "¿Me moriré yo también?" El tipo de pérdida influye en el proceso de duelo.

La muerte del hijo de uno talla una profunda herida en el alma de los padres. Manuel y su mujer Melani quedaron en shock cuando supieron que Rosa, su hija de ocho años, tenía cáncer de huesos. Inmediatamente la llevaron al mejor hospital de la zona para comenzar el tratamiento. Pronto los derivaron a un hospital regional que contaba con más recursos y especialistas médicos.

Los tratamientos no detuvieron el crecimiento del cáncer de huesos y les recomendaron amputar la pierna izquierda. Antes de proceder a la amputación, los padres encontraron la forma de llevar a su hija a la capital para obtener una segunda opinión. En un hospital infantil se confirmó el diagnóstico y se inició el tratamiento de radiación. Sin embargo, la amputación era inevitable.

Los padres estaban desolados y se esforzaban por entender cómo podía ocurrirle algo tan trágico a su inocente hija. Tras una serie de tratamientos, ella y sus padres volvieron a casa, pero por desgracia no recibieron ningún tratamiento médico que pudiera frenar el avance del cáncer. A los nueve años, murió. Los padres tenían el corazón roto. Sentían que habían fracasado como padres. No habían conseguido evitar que sufriera y no habían conseguido mantenerla con vida. Se sentían culpables y emocionalmente devastados. Manuel, el padre, se sumergió en su trabajo para mantenerse lo más ocupado posible, esperando que su creciente pasión por el trabajo amortiguara su dolor. Melani, la madre, visitaba regularmente la tumba y estaba obsesionada con la pérdida. Aunque tenían dos hijos más, el corazón de Melani estaba destrozado por el dolor. Todo alrededor parecía recordarle a su pérdida. Las visitas a la escuela, a la iglesia, a las casas de los amigos, todo le recordaba a Rosa. Se obsesionó con pensamientos y recuerdos que le recordaban su dolor. Han pasado veinte años, y su dolor sigue palpable. No hay nada que se pueda comparar con la pérdida de un hijo.

La naturaleza de la relación

Un pastor se enteró de que una mujer de su iglesia había perdido a su marido de un repentino ataque al corazón. Le dijo: "Siento mucho su pérdida". Ella respondió: "¿Lo sientes? Me alegro mucho de que se haya ido. Abusó de mí, me humilló y me explotó para su propio placer durante años. Me trataba como una esclava. Me alegro de que haya muerto. Que sufra en el infierno. Por fin me he librado de este terrible villano". A partir de ese momento, el párroco siempre escuchaba primero la historia de los afligidos antes de decir: "Siento tu pérdida".

La naturaleza de la relación con la persona fallecida influye en el duelo. En una familia numerosa, un hermano puede sentirse muy cercano a otro, mientras que se siente distante con otros hermanos o hermanas. Especialmente si hay una diferencia sustancial de edad, dos hermanas jóvenes pueden sentirse muy cercanas entre sí, mientras que apenas conocen a su hermano mayor, que se fue del país por motivos de trabajo, y al que no han visto durante muchos años. Si el hermano más cercano muere, la pérdida se sentirá mayor. Si sientes animosidad u odio hacia el que murió, puedes sentirte satisfecho de que Dios se haya vengado.

El duelo puede ser complicado cuando tenemos sentimientos encontrados hacia el que murió. Podemos tener una relación de "amor-odio" con el que murió. Por ejemplo, un hijo que ama a su padre simplemente porque es el padre, también siente resentimiento porque el padre dejó a su esposa por una amante más joven. Cuando el padre muere, hay sentimientos encontrados y confusos sobre cómo hacer el duelo.

Asistí a un velatorio del marido de una enfermera que trabajaba en nuestro departamento en el hospital. El marido se había suicidado por ahorcamiento y su mujer estaba destrozada. Una pequeña multitud se reunió alrededor de la afligida viuda en un lado de la gran sala. A medida que la gente entraba, se dirigía al frente y se paraba frente al ataúd abierto para ofrecer sus respetos, y luego caminaba hacia donde la viuda recibía a los asistentes.

A última hora de la tarde, poco antes de que la funeraria cerrara, una mujer entró y se acercó al ataúd. Se quedó llorando y luego estalló en un arrebato emocional mientras golpeaba el ataúd: "¿Por qué me dejaste? ¿Por qué me has abandonado?". El grito de angustia de la mujer desconocida se escuchó en toda la sala, y de repente todos comprendimos lo que significaba. El hombre del ataúd tenía una amante, desconocida incluso para su esposa. La viuda miró a esa mujer desconocida con asombro. Su rostro se transformó de repente en el de una viuda afligida, en el de una esposa furiosa con su marido fallecido. Ahora entendía por qué se había quitado la vida. Puedes imaginar cómo su viaje de dolor tomó rápidamente una dirección diferente. Esta historia real ilustra cómo la relación con el que murió influye en el duelo.

Las circunstancias que rodean la muerte

¿Tu ser querido murió por una herida de bala tras intentar robar en una tienda? ¿Tu ser querido murió durante un negocio de drogas que salió mal? ¿Tu ser querido murió de cirrosis hepática después de que le rogaras que dejara de beber? ¿Hay una investigación policial pendiente para descubrir quién mató a tu ser querido y cuál fue el motivo? ¿Tomó tu ser querido un barco hacia las Bahamas y han pasado meses y no has sabido nada de él? ¿Cuáles son las circunstancias que rodean la muerte? ¿Y cómo influye eso en el recorrido del duelo?

Por ejemplo, Ana luchó por dar permiso a su hijo adolescente que quería ir con sus amigos a ver un partido de fútbol en el estadio. Ella no quería que fuera porque había oído hablar de muchas peleas que se producen durante o después de los partidos de fútbol. Pero él le suplicó, diciendo que estaría con su grupo de amigos y que volverían directamente a casa después del partido. Finalmente le dio permiso, pero con una fuerte advertencia de que no se metiera en problemas. Su hijo y sus amigos asistieron al partido y, al salir del estadio, una pandilla los confundió con una banda contraria y los atacó. En la pelea con cuchillos, el hijo de Ana murió. Ahora, Ana siente que fue su culpa. "Nunca debí haber dado permiso. Es mi culpa que haya muerto". Su sentimiento de culpa la incapacita para afrontar la pérdida de su hijo.

Hace unos años, visité a una madre puertorriqueña que se estaba muriendo de SIDA. Ya había perdido a dos de sus hijos por el SIDA porque ellos habían compartido agujas. Habían consumido heroína y las agujas estaban contaminadas con el virus del VIH. En su caso, era una católica devota que asistía fielmente a la misa matutina todos los días. Era fiel a su Dios y obediente a su marido. El problema era que su marido solía tener relaciones sexuales con hombres, y se contagió de SIDA y se lo transmitió a ella. Cuando se acostaba con su mujer, insistía en no usar preservativos, y ella estaba de acuerdo porque su sacerdote predicaba contra el uso de preservativos. Así que, siendo fiel a su iglesia y a su marido, ahora se estaba muriendo de SIDA. Una historia real.

Linda perdió a su hermano que había participado en un robo en una tienda de comestibles. No se sabe quién organizó el robo ni qué papel desempeñó su hermano David en el mismo, pero acabó muerto. En el funeral, el párroco pidió a todos los jóvenes que se acercaran a mirar a David en el ataúd. El predicador les dijo que si no enderezaban sus vidas y se volvían a Dios, irían al infierno igual que David. Al escuchar eso, la madre se desmayó. Imagínate cómo Linda y su madre deben haber luchado para dar sentido a la muerte de David y lo complicado que debe haber sido su duelo considerando el hecho de que su pastor había colocado a David en el infierno. Imagínate cómo eso complica su peregrinaje del duelo. No debemos sacar conclusiones rápidas sobre cómo deben llorar los demás cuando no conocemos las circunstancias que rodean la muerte.

Factores culturales relacionadas con el luto

En algunas culturas, las personas se visten de blanco en un funeral. En otras culturas, el negro es el color apropiado. En la cultura judía, es común cubrir los espejos dentro de la casa. En algunas culturas, la familia del fallecido debe proporcionar comida a los invitados, mientras que en otras culturas se espera que los invitados lleven comida a la casa del fallecido. Algunas culturas fomentan las expresiones de dolor en voz alta, mientras que otras alienten el respetuoso silencio. En los tiempos bíblicos, era costumbre que "las lloronas" aparecieran en los funerales. Sus fuertes lamentos y lamentaciones animaban a los dolientes a abiertamente expresar su dolor.

Cuando serví como pastor promotor de misiones en un pueblo pesquero de Chile, una vecina me buscó después de un servicio religioso. Me preguntó si podía ir a la casa vecina y hacer una oración por Alicate, que había muerto. Era un conocido maestro que podía reparar cualquier cosa. Había que tener cuidado de que no robe las herramientas porque gustaba cambiarlas por una botella de vino. Alicate, que era su sobrenombre, tenía fama de alcohólico, pero al parecer había tenido una educación religiosa porque cuando se emborrachaba se ponía en la calle y predicaba en voz alta y citaba las escrituras. La vecina que había accedido a que los amigos de Alicate utilizaran su salón para el velatorio me pidió una oración, después de que se negaron de hacerlo varios pastores evangélicos. No querían tener nada que ver con el velatorio o el funeral de Alicate porque sabían que era un alcohólico y un ladrón. No querían asociarse con él. Así que, como último recurso, supongo, le pidió al pastor gringo vecino que hiciera una oración.

Es costumbre en Chile, durante un velorio (la noche anterior al funeral) que los hombres hagan una fogata afuera y beban vino mientras comparten historias sobre el que murió. Me acerqué a rezar una oración y me preguntaron si iría con ellos al cementerio al día siguiente para rezar en el entierro. Al parecer, ya habían pedido a varios pastores evangélicos que rezaran en el cementerio, pero todos se negaron. Así que, sin saber nada más, acepté hacerlo.

Al día siguiente, subimos la colina hasta el cementerio que daba a la bahía con una vista preciosa. Desgraciadamente, nos vimos privados de esa impresionante vista porque la gente pobre, como Alicate, estaba enterrada muy lejos, en la parte trasera del cementerio, donde se permite enterrar a los indigentes.

Los amigos de Alicate llevaban palas y tenían que cavar la tumba, colocarlo en la tierra y taparlo. Yo estaba allí con el libro de liturgia, que incluía un rito para los funerales, y me pregunté qué hacer con este grupo especial de dolientes. No eran feligreses. Eran los borrachos del pueblo. Y supongo que yo era su pastor. Cuando terminaron de poner a Alicate en la tumba y de cubrirlo, se dirigieron a mí para las oraciones. Me di cuenta de que una liturgia funeraria tradicional no iba a funcionar muy bien con esta multitud, así que dejé a un lado mi libro de liturgia y pedí a cada uno de ellos que compartiera una historia sobre Alicate.

Cada uno, por turnos, contó una historia. Se quitaron los sombreros en señal de respeto, y después de que compartieran sus historias, dije una oración informal. Fue un momento sagrado. Estos compañeros de borrachera de Alicate querían darle una despedida respetuosa. Sabían que no era un santo, sino un pecador como ellos, pero seguían creyendo en un Dios bondadoso y esperaban que Dios se apiadara de su amigo Alicate. Espero que haya podido ayudarles a despedir a Alicate con dignidad.

Hemos visto que el camino del duelo está influenciado por el tipo de muerte, la personalidad del doliente, la naturaleza de la relación, las circunstancias de la muerte y la cultura.

Capítulo Cuarto

Pérdidas múltiples

D espués del tsunami que mató a 30.000 habitantes en Sri Lanka y destruyó 500.000 hogares, una mujer compartió su historia en un taller de apoyo al duelo en la capital, Colombo. Su marido murió en el tsunami y como era la principal fuente de ingresos de la familia, pronto no pudieron pagar el préstamo bancario de la casa. El banco embargó la casa. La viuda era madre de dos niñas de cinco y tres años y nunca había trabajado fuera de la casa. Tras perder a su marido, su casa y su medio de vida (ingresos), ella y sus hijos se mudaron temporalmente a la casa de un vecino, pero eso no duró mucho.

Poco después, un hombre vino de visita y le ofreció un trabajo para complacer a los hombres en un hotel. Siendo una mujer religiosa, no podía verse trabajando en la profesión más antigua. Lo rechazó. Tiempo después, otro hombre vino a visitarla y le ofreció ponerla en contacto con un agente que le conseguiría un trabajo en Dubái, limpiando habitaciones de hotel. El hombre le prometió que ganaría lo suficiente para poder enviar dinero a casa para mantener a sus hijas. Tendría que colocar a las niñas en un colegio residencial para niñas. Cuando habló con las niñas sobre sus posibles planes de ir a Dubái, ellas le dijeron: "Perdimos a nuestro padre y perdimos nuestro hogar, no podemos perderte a ti también". Le suplicaron a su madre que no las dejara. Ella rechazó ambas ofertas de empleo y en su lugar, puso en marcha un negocio con otras viudas para fabricar ropa para niños.

Su historia ilustra lo que llamamos "pérdidas múltiples". No solo sufrimos la pérdida de un ser querido, sino también otras pérdidas. Lloramos la pérdida de relaciones, amistades, animales domésticos, empleo, pérdida de bienes y salud. No parece importar el tiempo que pase entre una pérdida y otra; los terapeutas del duelo han observado que nuestra pérdida actual parece desencadenar los recuerdos de nuestras pérdidas anteriores. Las niñas de la historia anterior sufrieron múltiples pérdidas. Perdieron a su padre, su casa, un estilo de vida seguro, y estaban paralizadas por el miedo a perder también a su madre.

Imagina un tren de mercancías con muchos vagones. Imagina que cada vagón lleva el recuerdo de la pérdida de un ser querido, la pérdida de un hogar, la pérdida de un trabajo, la pérdida de un sueño, etc., etc. Imagina que has tenido tantas pérdidas que no has tenido tiempo de procesar cada una de ellas, y por eso has cargado ese equipaje de duelo en vagones de caja separados en el tren del duelo, pensando que un día, el tren se detendrá, y tendrás la oportunidad de abrir cada vagón de caja y hacer tu trabajo de duelo relacionado con esa pérdida. Pero el tren sigue avanzando y no tienes oportunidad de procesar el dolor de esas pérdidas pasadas y de repente pierdes a otro ser querido. La pérdida actual provoca un choque de trenes. Cuando el dolor actual de la pena desgarra tu núcleo emocional, todas las pérdidas anteriores se acumulan y acabas con un choque de trenes emocional. Tras el choque de trenes del duelo, un terapeuta probablemente te hará volver atrás y llorar cada una de las pérdidas anteriores, una por una. Esto es lo que llamamos "trabajo de duelo". No es agradable, pero es necesario.

Pérdidas primarias y secundarias

En un taller de duelo en Haití, un tío contó la historia de una familia de tres niños criados por una abuela. Los tres niños empezaron a vivir con su abuela después de que su madre muriera de cólera. Su padre había abandonado a la familia. Cuando la abuela murió, la hija mayor, que ya tenía quince años, sustituyó a la abuela y asumió la responsabilidad de criar a sus hermanos menores. Para cuidar de sus hermanos, tuvo que abandonar la escuela. Tuvieron que volver a mudarse; no había ingresos para pagar el alquiler. Acabaron viviendo con su tío, el pastor.

La hija mayor, ahora cabeza de familia, empezó a ir a la iglesia. No sabía cómo consolar a su hermano y hermana menores. El hermano culpaba a Dios de todas sus pérdidas, sintiéndose abandonado por él. La hermana menor perdió peso y sufrió profundamente. No tenía herramientas que la ayudaran a sobrellevar su dolor.

En esta historia real, hay pérdidas primarias y pérdidas secundarias. Las pérdidas primarias son la muerte de la madre y la abuela, así como el abandono previo del padre. Las pérdidas secundarias son la pérdida de un hogar, la pérdida de ingresos y la pérdida de una familia estable. Otra pérdida secundaria es el cambio de responsabilidad de la hija de 15 años, que, como resultado de la pérdida de su abuela, se convirtió repentinamente en la cabeza del hogar.

Sus pérdidas secundarias son: 1) la pérdida de la escuela, 2) la pérdida de las posibilidades futuras de empleo porque abandonó la escuela, y 3) la pérdida de la infancia: no pudo disfrutar de sus años de adolescencia porque se vio obligada a convertirse en adulta y a asumir todas las responsabilidades de criar una familia. Estas son pérdidas secundarias. Nosotros también las sufrimos.

Duelo sin derecho

Un pastor de setenta y seis años sufrió la pérdida de su madre de noventa y siete años. Isabela, su madre, vivía con el pastor y su familia desde que su marido murió hace quince años. El pastor adoraba a su madre. Era una madre ejemplar y una heroína para toda la familia. Era activa, despierta, participaba en actividades sociales y era el pegamento que mantenía unida a la familia. A principios de la pandemia de coronavirus, antes de que hubiera vacunas disponibles, Isabela murió de COVID después de una breve enfermedad.

El funeral de Isabela tuvo lugar en la iglesia de su hijo. Cientos de feligreses acudieron al funeral; todos adoraban a la madre del pastor. Pero la gente supuso que el pastor no estaría de luto, teniendo en cuenta que ella vivió hasta los noventa y siete años. Le dijeron palabras como: "Vivió una larga vida. Deberías sentirte bendecido por haberla tenido tanto tiempo". "Ahora está con los ángeles en el cielo, alabado sea el Señor". "Ya no sufre". "Ella estaba tan orgullosa de tu fuerza y tu fe; estoy segura de que ahora eres fuerte". "Ella no querría que estuvieras triste".

El pastor agradeció a cada uno sus amables palabras, pero en su corazón, sus palabras eran como jugo de limón vertido en una herida abierta. Al decir esas cosas, le estaban quitando el derecho a llorar. En efecto, le decían que, como su madre está en el cielo y él es pastor, debía sentir alegría, no tristeza. Y aunque él creía que su madre estaría cantando con los ángeles en el cielo, seguía echándola de menos y lamentando que ya no estuviera viva.

Su muerte representaba el fin de una era, el fin de un capítulo de su vida en el que su madre era un testigo vivo de su vida. Todos necesitamos que alguien sea testigo del valor y la importancia de nuestras vidas. Ella había sido su primera y principal admiradora. Los miembros de su iglesia tenían grandes intenciones y creían que ofrecían palabras de consuelo, pero el pastor sintió que no entenderían que tenía tanto derecho a llorar como cualquier otro ser humano. El hecho de que sirva como pastor no significa que sea inmune al dolor por la pérdida de su madre.

El dolor del pastor es un ejemplo de "dolor sin derechos", es decir, un dolor que no es reconocido ni apoyado por la comunidad.

Otro ejemplo de duelo sin derechos es el de Franco, cuyo buen amigo Gustavo murió de malaria. Gustavo era un tipo extrovertido, divertido y alegre que siempre llevaba una sonrisa. Gustavo era el segundo hijo de una familia con seis hermanos. Sus padres estaban orgullosos de Gustavo, especialmente por sus excepcionales habilidades musicales. Podía entretener a una multitud tocando el piano, la guitarra o la trompeta. Gustavo pertenecía a una familia muy tradicional que observaba estrictamente las creencias y los valores religiosos. Gustavo y Franco se conocieron en la iglesia y rápidamente se hicieron mejores amigos. Su relación se hizo aún más íntima cuando Franco descubrió que tenía sentimientos románticos hacia Gustavo. El amor y afecto entre Gustavo y Franco aumentó, pero nunca admitirían que eran amantes. Ocultaron su relación romántica a sus familias. Gustavo incluso tenía una novia de vez en cuando. Su familia nunca sospechó que Gustavo y Franco tuvieran sentimientos románticos el uno por el otro.

Cuando Gustavo murió de malaria, sus amigos y familiares acudieron en masa a consolar a los padres y hermanos de Gustavo. Llevaron comida y flores e inundaron de apoyo a la familia. En el funeral todo el mundo se centró en la afligida familia, pero Franco también lloraba la pérdida de su mejor amigo. Nadie prestó atención al dolor de Franco. Es que él intentaba suprimirlo, pero por dentro estaba sufriendo. La pérdida de Gustavo devastó a Franco, pero nadie le ofreció consuelo porque su dolor no era reconocido por la comunidad como un dolor legítimo. A los ojos de la comunidad, no tenía ningún derecho especial a llorar. Su dolor es lo que llamamos "sin derechos". Su sufrimiento no es reconocido ni apoyado por la comunidad, y ciertamente no por la comunidad religiosa.

Otro ejemplo de duelo sin derecho proviene de la cultura mexicana, donde la muerte de un niño de menos de un año se acepta con resignación. La creencia cultural es que los niños no tienen pecado y por lo tanto van directamente al cielo. Antes del entierro, los niños son vestidos como angelitos. Entierran a los niños con canciones y bailes alegres. La familia tiene ahora un ángel en el cielo que velará por ellos. La pérdida de un niño recién nacido no es una pérdida que haya que lamentar, sino que se acepta de forma fatalista y estoica.

Muerte por suicidio

El duelo se complica cuando la muerte es por suicidio. Los seres queridos suelen sentir vergüenza, culpa y aislamiento social.

Luis estudió psiquiatría porque estaba traumatizado por la violencia armada en su barrio de Caracas. Su mejor amigo había sido asesinado por vigilantes cuando Luis y su amigo volvían a casa desde la escuela. Luis sufrió depresión de forma intermitente durante años y se dedicó a la psiquiatría para ayudar a otros en sus luchas. Cuando estalló el caos político en Venezuela y su barrio se volvió inseguro, consiguió un visado de turista para Estados

Unidos. Sobrepasó su visado y buscó trabajo como psicólogo clínico. Pronto descubrió que su licencia profesional para ejercer la psiquiatría no estaba reconocida en Estados Unidos. Tenía que solicitar la acreditación, un proceso que podía llevar años. Necesitaba ingresos para sobrevivir y no tenía las habilidades relacionadas con la mayoría de los trabajos de nivel inicial. Como amante de los perros, montó un negocio de peluquería canina en Miami. Pidió prestados miles de dólares a amigos y familiares para empezar, y luego, cuando el negocio fracasó, no pudo pagar sus deudas ni producir ingresos para vivir. Se sintió solo, echó de menos sus raíces culturales y sociales en Caracas y se deprimió.

Cuando lo desalojaron de su apartamento, acabó en la calle, sin ingresos. Llamó a su hermano Roberto y le dijo que lo sentía, pero que no podía seguir viviendo así. Roberto intentó animarlo a mantener la esperanza, pero después de que colgaran, Luis tomó una sobredosis de pastillas y murió en la calle.

Varios días después, las autoridades informaron a la familia de la muerte de Luis. Su hermano, Roberto, se derrumbó de tristeza. Se sentía culpable por no haber podido evitarlo. Roberto recordó su última conversación y la repasó repetidamente. Por la noche, no podía dormir mientras repasaba en su mente las cosas que podría haberle dicho a Luis para animarlo o evitar que se quitara la vida.

Como la familia se había criado en una estricta tradición católica romana (que históricamente había considerado el suicidio como un pecado), Roberto se sintió incómodo al pedir a un sacerdote que presidiera el servicio fúnebre. Cuando Roberto informó a su madre de que Luis se había quitado la vida, ella respondió: "Guardemos eso para nosotros. Nadie tiene que saberlo. Digamos que murió de un derrame cerebral". Y luego añadió: "Será nuestro secreto familiar".

Mantener el secreto familiar resultó difícil para Roberto, que quería hablar de ello con un amigo íntimo, pero sentía vergüenza y no quería traicionar la petición de su madre. La imposibilidad de contar la historia de Luis incluso a su amigo más cercano hizo que Roberto tuviera que reprimir esos pensamientos y no pudiera explorar muchas de las preguntas que tenía, como: "¿Qué estaba pasando en la vida de Luis para que perdiera la esperanza?" "¿Por qué no acudió a su familia antes de que se deprimiera tanto?" "¿Qué podríamos haber hecho para evitarlo?". Entre la rabia, la vergüenza y la culpa del superviviente, Roberto no sabía cómo procesar tan extrañas emociones. Guardó sus pensamientos para sí mismo, pero pronto empezó a atormentarse con pesadillas.

Los "podría haber" y los "debió haber" surgen en las conversaciones en los días posteriores a un suicidio. Los seres queridos se atormentan por la vergüenza y el sentimiento de culpa. El duelo se complica cuando la causa de la muerte se mantiene en secreto. El trabajo de duelo se ve obstaculizado cuando se suprime el compartir auténtico. Las conversaciones sobre la persona fallecida se vuelven superficiales y poco auténticas cuando se oculta la verdad.

Cuando un cónyuge o un amante se quita la vida por suicidio, el ser querido sobreviviente puede sentirse enfadado y abandonado. En el funeral sería habitual escuchar al sobreviviente lamentarse: "¿Por qué me dejaste?" o "¿Por qué me abandonaste?". El ser querido sobreviviente puede sufrir sentimientos de rechazo al pensar que su amor no fue lo suficientemente bueno para salvar al que murió.

Cuando un ser querido se topa con la escena de una muerte por suicidio, la experiencia puede ser (probablemente será) traumatizante. En ese caso, el duelo puede complicarse por los recuerdos intrusivos del trauma. En lugar de recordar al ser querido y la relación con él, su mente puede abrumarse con recuerdos de la escena de la muerte. Los recuerdos traumáticos pueden provocar un trastorno de estrés postraumático (TEPT). (En Inglés: PTSD)

La culpa del sobreviviente

La culpa del sobreviviente se manifiesta en declaraciones de los seres queridos, como: "Debería haber sido yo quien muriera". Es habitual que los seres queridos se obsesionen con lo que podrían haber hecho para evitar el suicidio. La culpa del sobreviviente se centra en la rectitud del que murió y en la indignidad de los que sobrevivimos. Los seres queridos pueden culparse tan severamente que empiezan a sentir la necesidad de ser castigados. Inconscientemente, pueden alterar su comportamiento de manera que inviten al castigo.

Los niños pueden tener un pensamiento mágico. Pueden sentir que algo que dijeron causó la muerte de su hermano. Tomás y Víctor siempre iban en el asiento trasero del coche familiar. Un día, mientras su padre conducía, Tomás y Víctor empezaron a pelear. El padre les advirtió que dejaran de pelear y que se pusieran el cinturón de seguridad. No obedecieron a su padre, que se giró para exigirles que dejaran de pelear. El padre apartó los ojos de la carretera y no vió la señal del disco Pare y chocó con otro vehículo. Tomás murió en el accidente. Mientras peleaban, Tomás y Víctor habían cambiado de lado. Víctor siempre se sentaba a la izquierda y Tomás a la derecha, pero cuando el coche chocó, Tomás estaba en el lugar de Víctor. Víctor pensó que era el que debería haber muerto. Esa es la receta para el sentimiento de culpa del sobreviviente.

Durante los meses siguientes, Víctor empezó a robar coches con la intención de que le pillaran. Sentía una necesidad imperiosa de ser castigado. No relacionó su comportamiento con su culpa de sobreviviente.

Capítulo Cinco

Mitos y realidades del duelo

Mito # 1: Solo lamentamos las muertes.

Realidad: Lamentamos todas las pérdidas.

Mito # 2: Solo los familiares se afligen.

Realidad: Todos los que están apegados se afligen.

Mito # 3: El duelo es una reacción emocional a la pérdida.

Realidad: El duelo se manifiesta en una variedad de dimensiones, desde la mental, la social, la conductual y la espiritual.

Mito # 4: Deberíamos dejar el duelo en casa.

Realidad: No podemos controlar el lugar del duelo.

Mito # 5: El duelo significa dejar de lado a la persona que ha muerto.

Realidad: Nunca nos desprendemos del todo de los seres queridos que murieron.

Mito # 6: La pena finalmente termina.

Realidad: Con el tiempo, la mayoría de las personas aprenden a vivir con la pérdida.

Mito # 7:A los que lloran es mejor dejarlos solos.

Realidad: Los dolientes necesitan oportunidades para compartir su dolor y sus recuerdos y para recibir apoyo.

Mito # 8: El objetivo del trabajo de duelo es permitirnos poner fin a nuestra pena.

Realidad: El trabajo de duelo nos ayuda a aceptar y luego a superar el impacto de la pérdida en nuestras vidas.

El peregrinaje del duelo

Autores y poetas han descrito el duelo como un viaje, un proceso, un tapiz, un paisaje, una noche oscura, una estación y muchas otras metáforas. Basándose en las etapas psicológicas del desarrollo humano, Elisabeth Kübler-Ross propuso la idea de las "Etapas de la muerte" que se convirtió en un modelo popular para entender el duelo. Kübler-Ross, psiquiatra, investigó con pacientes moribundos y observó algunas respuestas emocionales y psicológicas comunes ante la noticia de que se estaban muriendo. Describió esas respuestas como etapas: 1) Negación y aislamiento, 2) Ira, 3) Negociación, 4) Depresión y 5) Aceptación. (*On Death and Dying, Elisabeth Kübler-Ross*).

La comunidad académica recogió sus etapas de la muerte y las enseñó como etapas del duelo, aunque su investigación se centró en el paciente moribundo, no en los supervivientes que lloraban la pérdida de sus seres queridos. Los profesionales que trabajan con los afligidos comenzaron a notar que las etapas son fluidas; un doliente no pasa sistemáticamente de una etapa a la siguiente, sino que puede ir y venir. Otros profesionales minimizaron la idea de las etapas y prefirieron hablar del duelo como un viaje.

A mí me gusta describir el duelo como un largo camino hacia la sanación. Hay muchos obstáculos en el camino, especialmente al principio del viaje del duelo.

- Los amigos y familiares bienintencionados que quieren que el doliente sea feliz pueden ofrecerle entretenimiento para ayudarle a olvidarse de la pérdida. Un viaje al cine o a un parque temático puede ofrecerse como distracción. Para el que está de duelo, el entretenimiento es una distracción y un obstáculo para seguir el camino del dolor.

- El uso de drogas o alcohol para calmar el dolor del duelo puede ser una estrategia temporal para sobrellevarlo, pero medicar nuestro dolor es otro obstáculo para avanzar en el camino hacia la sanación.

- Otro obstáculo para el trabajo del duelo es el intento de calmar el dolor mediante la sustitución. Si se trata de la pérdida de una mascota, el deseo es conseguir otra para sustituir a la que murió. Si la pérdida es de un amante o de un cónyuge, el anhelo de encontrar un sustituto parece una buena estrategia, pero es una forma de evitar el trabajo de duelo. Esto también es un obstáculo para emprender el camino del duelo.

- Colocar al ser querido en el cielo es un tema común en las comunidades religiosas. Sacerdotes, pastores y otros líderes religiosos a menudo tratan de consolar a los afligidos diciendo: "Tu ser querido está en el cielo". Este mensaje evoluciona hacia el subtexto: "Deberías estar feliz porque tienes un ángel en el cielo". "Debes celebrar la vida del que murió y alegrarte de que tu ser querido esté con Dios". La implicación es que no deberías estar afligido. Este intento de consolar a menudo priva al doliente del derecho a llorar. En lugar de sanar el dolor, este intento de consuelo puede llevar al doliente a sentirse culpable si muestra signos de duelo.

- El trabajo pesado es otra estrategia para hacer frente a la pérdida. En lugar de hacer el trabajo de duelo, que es doloroso, es menos angustioso sumergirse en el trabajo. Los hombres son más propensos a emplear esta estrategia.

Mantenerse ocupado y llenar cada momento con proyectos de trabajo hasta el punto de agotamiento diario es una estrategia que evita hacer el trabajo de duelo. Desgraciadamente, esta forma de afrontar el duelo no lo sana, sino que lo retrasa. No podemos huir del duelo; este nos encontrará.

Tanto si se trata de los esfuerzos bienintencionados de amigos y familiares para calmar nuestro dolor, o si se trata de nuestro propio intento de sobrellevar la situación, cualquiera de estas estrategias queda cortas en la medida en que actúan como obstáculos para avanzar por el largo camino hacia la sanación.

La razón principal por la cual los demás ponen obstáculos en el camino de nuestra sanación es simplemente que no quieren que suframos. Nosotros hacemos lo mismo cuando buscamos distracciones para evitar hacer el trabajo del duelo. Tememos que sea demasiado doloroso. Es más fácil tomar un desvío y esperar que el tiempo sane el dolor. Desgraciadamente, el tiempo no cura el duelo; nos proporciona una temporada para hacer el trabajo que nos lleva a la sanación.

Una vez que hemos decidido dirigirnos directamente hacia el camino de la sanación, sabemos que nos llevará a través de ese "bosque oscuro y profundo" o esa "noche oscura del alma" en la que no tendremos más remedio que sentir todas las emociones y manifestaciones del duelo. Durante ese tiempo, en el camino, lo más probable es que queramos compartir nuestra historia con los demás. Es posible que reconozcamos la necesidad de contar con ayudantes que nos acompañen. Puede que comprendamos que es útil recibir apoyo de otros mientras hacemos nuestro trabajo de duelo. Aunque al principio hayamos intentado evitar el dolor de la pérdida, ahora estamos dispuestos a aceptarlo todo. Puede ser una lucha. Puede que surjan sentimientos incómodos en nuestro inconsciente, pero ahora estamos dispuestos a comprometernos y a sentirlo todo, como se sugiere en el siguiente poema.

Acepta el dolor.

Luchando en el bosque de la pérdida
Mi alma
Sintiendo el dolor mientras anhelo la alegría,
Aprendiendo como es.

Extrañando la alegría que una vez conocí
¿Qué es lo que ahora me puede hacer completo?
Señales de tu amor me rodean.
Recuerdos entrañables nutren mi alma.

Luchando en el bosque de la pérdida
Siento tu corazón tan cerca.
Anhelando palabras de consuelo
Que transformen este dolor en alegría.

El salmista preguntó: "¿Cómo puedo cantar la canción del Señor en una tierra extraña?" El dolor se siente como una tierra extraña. Una parte de nuestra identidad se ha perdido. La gente intenta mostrarnos el camino, pero no hay camino. Tenemos que hacer nuestro propio camino. Paso a paso, aprendemos a ser amables con nosotros mismos. Las emociones punzantes salen a la superficie; no sabemos cómo responder. No podemos evitar para siempre el dolor. En el fondo de nuestro alma sabemos que debemos atravesar esa "tierra extraña" del dolor que oprime antes de liberar.

Las tareas del duelo

En su libro, Grief Counseling and Grief Therapy (Asesoramiento y terapia del duelo), J. William Worden describe las "Tareas del duelo". La primera tarea es aceptar la realidad de la pérdida. Eso parece sencillo, pero en mi trabajo con los afectados, he descubierto que esa tarea es a veces bastante complicada.

Mientras realizaba un taller de duelo en Perú, la esposa de un pescador nos contó cómo no podía aceptar que su marido había muerto en alta mar, incluso después de un mes de esperar a que él y su tripulación aparecieran. Contrató a otro capitán de barco para que saliera al mar a las zonas donde su marido solía pescar y lo buscara. Se negaba a perder la esperanza de que estuviera vivo. Quizás, pensó, había desembarcado en una isla remota, o una tormenta lo había llevado a una zona costera remota donde esperaba ser rescatado. Se negó a reconocer que su marido había muerto. Tuvieron que pasar meses de espera y esperanza sin ninguna prueba, en un sentido u otro, antes de que finalmente empezara a aceptar que él y su tripulación habían muerto en el mar. Una vez que reconoció que había muerto en el mar, se permitió vivir el duelo.

En Miami, donde vivo y trabajo, estamos muy familiarizados con el peligroso viaje a través de las aguas del océano para llegar desde Cuba o Haití a la costa estadounidense. Por ejemplo, una familia haitiana de Miami recibe una llamada telefónica de un pariente de Haití para informarle de que su sobrino ha salido de Haití en un barco que se dirige a los Cayos de Florida. Hay más de veinte personas en el barco. Si los vientos son favorables, el barco debería llegar a Florida la próxima semana. La familia en Miami envía equipos de personas a lo largo de la costa para vigilar y esperar a sus seres queridos, pero después de una o dos semanas comienzan a preguntarse qué pasó con el barco. Quizás el viento se los llevó a las Bahamas. Algunos temen que hayan muerto en el mar, pero se niegan a creerlo y mantienen la esperanza. Pasa un mes y todavía no hay comunicación con la gente de ese barco. Están pendientes de las noticias por si hay algún informe de los guardacostas. La familia en Miami se negará a reconocer que su sobrino murió en el mar hasta que no vean el cuerpo. Hasta entonces, no empezarán a llorar porque no han aceptado la realidad de la pérdida.

En mi trabajo como capellán de hospital, hubo innumerables ocasiones en las que me llamaron al servicio de urgencias después de que una ambulancia trajera a los pacientes de un accidente de coche. El personal me pedía que me sentara en la sala de espera con la familia mientras el equipo médico intentaba reanimar a su ser querido. Cuando el médico sale a informar a la familia, quieren que el capellán esté con ella, por si las emociones estallan en un pandemónium. Cuando el médico informa a la familia de que, a pesar de todos sus esfuerzos, no han podido salvar al paciente, las emociones de esperanza se convierten en llantos y lamentos. Tras un tiempo aparentemente interminable de descarga emocional, inevitablemente alguien preguntará si es posible entrar en la sala de trauma y ver a su ser querido. De hecho, esa es la expectativa del personal médico. Poco después de que el paciente haya fallecido, el equipo de limpieza entra y limpia la zona mientras las enfermeras preparan al paciente para que lo vea la familia. Se coloca una sábana sobre el cuerpo y una cortina rodea la camilla. La enfermera sale a la sala de espera y les informa de que pueden entrar a ver el cuerpo. El capellán acompaña a la familia mientras el personal médico les da espacio e intimidad. Cuando la familia llega, a menudo experimenta un shock al mirar a su alrededor y ver la evidencia de un trauma. Pueden tardar unos instantes en reunir el valor necesario para apartar la sábana de la cara y ver al paciente. En ese momento, comienzan de nuevo los lamentos y el llanto. Los familiares se abrazan y se apoyan mutuamente. A veces, un ser querido necesita sentarse y beber un poco de agua. El capellán permite a la familia tomarse el tiempo que necesite antes de ofrecerse una oracion.

A pesar de lo doloroso que es ver el cuerpo de un ser querido fallecido, el personal médico a veces dice que es necesario ver el cuerpo para tener clausura. En mi opinión, no hay clausura en este momento, sino que es el comienzo necesario del proceso de duelo. Después de ver el cuerpo, es muy difícil para la mente negar que la muerte ha ocurrido. Eso es un avance; significa que el ser querido reconoce ahora que la muerte ha ocurrido y el duelo puede comenzar.

Para los que no pudieron ir al hospital, pero pueden asistir al funeral, si había alguna duda en su mente sobre la realidad de la pérdida, el funeral erradicará todas las dudas. Esa es una de las funciones de un funeral. Los rituales religiosos durante el funeral y el entierro junto a la tumba son tan poderosos que no hay forma de que su mente le engañe y le diga que tal vez su ser querido sigue vivo. No hay nada como un servicio de funeral y entierro para ayudarle a reconocer que la muerte ha ocurrido. El funeral ofrece a los seres queridos un tiempo y un lugar para conocer y vivir el luto.

Algunas personas intentan evitar la realidad de la pérdida minimizando la relación con el fallecido. Es posible que oiga a alguien decir: "No me quería de verdad". "No era mi padre biológico, así que no éramos unidos". Los intentos de minimizar la relación son quizás un esfuerzo inconsciente por reducir el dolor de la pérdida. Otros pueden "olvidar selectivamente" la relación con su ser querido fallecido. El dolor del duelo puede ser tan grande que el ser querido sobreviviente bloquea inconscientemente los recuerdos que tiene de él que murió.

La segunda tarea del duelo es procesar el dolor de la pena. Una vez reconocida la muerte y comenzado el duelo, el camino hacia la sanación lleva al doliente a la parte más difícil del viaje. Algunos lo describen como afrontar las emociones del dolor. Sin embargo, esta parte del viaje implica mucho más que experimentar la tristeza, sino que también incluye la manifestación de cambios en el comportamiento, la angustia mental, el aislamiento o el apoyo social y las inquietudes espirituales.

Cuando pienso en el duelo como un camino a recorrer, me imagino esta parte del viaje como el profundo y oscuro bosque que intento evitar o simplemente no entrar, pero ahora estoy en él y el dolor de la pérdida me golpea de múltiples maneras. El dolor emocional se convierte fácilmente en dolor físico. Los alimentos que antes me encantaban comer ya no me interesan. O bien como demasiados alimentos poco saludables o no tengo hambre de ningún alimento. Mi sueño se ve perturbado porque mi mente rumia el pasado. Los amigos y la familia me dan mensajes no demasiado sutiles de que quieren que vuelva a ser la persona alegre que era antes de la muerte. Me sugieren que debería dejarlo todo y seguir adelante. ¿Por qué debería dejarlo pasar? Puede que el dolor sea lo único que me une a mi ser querido.

Me doy cuenta de que los amigos aparecen menos y eso me parece bien porque prefiero llorar sola. Me encuentro con que olvido cosas, nombres y acontecimientos. Por ejemplo, me olvidé completamente de ir al funeral de un buen amigo. Surgió algo que me distrajo y no recordé que había faltado al funeral hasta dos días después. Me siento molesto por pequeñas cosas; la ira surge de la nada. Me debato entre ordenar las posesiones de mi ser querido para decidir qué conservar, qué tirar y qué donar o, por el contrario, escaparme a un resort de playa en una isla del Caribe. Al final no hago ninguna de las dos cosas. He dejado de ir a la cafetería y a la iglesia; no quiero encontrarme con amigos que me pregunten cómo estoy. Realmente no quieren saberlo, o al menos no quieren escucharme desahogar sobre mi vida fragmentada. Intentaría pasar de estas emociones y comportamientos caóticos, pero en el fondo siento que merezco sufrir. Todavía estoy vivo y me siento culpable por ello. Algunos de mis pensamientos son tan aterradores que nunca se los contaría a nadie; seguramente me enviarían a un psicólogo. ¿Cuándo desaparecerá este dolor?

El párrafo anterior ilustra la experiencia de procesar el dolor del duelo. Hemos visto que el duelo no es solo la respuesta emocional a la pérdida, sino que también se manifiesta en comportamientos, cambios mentales y físicos, así como en transiciones sociales y espirituales.

Capítulo Seis

$$\text{---}\cdot\blacklozenge\blacklozenge\ \blacklozenge\ \blacklozenge\blacklozenge\cdot\text{---}$$

Adaptarse a la vida en ausencia del fallecido

Jorge y Ana habían celebrado recientemente 50 años de matrimonio. Sus hijos habían crecido y vivían en Nueva York, mientras que Jorge y Ana seguían viviendo en Miami, donde los inviernos son más cálidos. Ana murió después de haber sufrido muchos años de lucha contra la diabetes y las dificultades de circulación de la sangre. Jorge, camionero, había dependido de su mujer para ocuparse de todas las tareas del hogar, ya que viajaba la mayor parte de sus días de trabajo. Su muerte no solo fue un shock, sino que dejó a Jorge sintiéndose impotente y desorientado. Lo que más echaba de menos era a su mujer a la hora de comer, ya que se había sentido tan cómodo con su buena cocina que nunca aprendió a cocinar. Echaba de menos su presencia; la casa se sentía tan vacía sin ella. Jorge se sentía abrumado con todas las tareas del hogar. No se dio cuenta de lo dependiente que había sido de su esposa hasta que ella se fue. Ella pagaba todas las facturas, hacía la compra, limpiaba la casa, lavaba y planchaba la ropa, regaba las plantas... todo. Aprender a vivir sin su mujer complicó su duelo. Jorge empezó a cuestionarse el sentido de la vida. Ana había sido su roca y sus cimientos y ahora su mundo parecía desmoronarse.

La tercera tarea del duelo es adaptarse a la vida sin el ser querido. La adaptación más evidente está relacionada con las tareas de la vida cotidiana. En el caso de Jorge y Ana, Jorge tuvo que aprender las múltiples actividades y trabajos diarios en la casa. Además, Jorge tuvo que ordenar sus sentimientos personales de pérdida y adaptarse a la ausencia de Ana. También tuvo que reevaluar su vida en términos de sus valores espirituales, el sentido y el propósito de su vida y quizás sus creencias.

Si quieres ayudar a alguien como Jorge, piensa en formas prácticas de ayudar. Si dices: "Llámame si necesitas algo". Es probable que no recibas ninguna llamada. Decide ofrecer ayuda de forma sencilla pero práctica. Puedes llevar una comida o invitar a una viuda o un viudo a comer. No esperes a que una persona afligida te pida ayuda. Simplemente hazlo.

Recordar sin quedarse en el pasado

Una tarea importante en el camino del duelo es recordar al ser querido que murió. Es posible que tu familia y tus amigos quieran que vuelvas a ser la persona alegre que eras antes de la muerte de tu ser querido, por lo que pueden sugerirte que olvides el pasado y sigas adelante. Esta sugerencia no es útil. El duelo es el amor que no quiere dejarse ir. Tenemos vínculos con la persona que amamos y mucho después de su muerte nos sentimos emocional y espiritualmente unidos a ella. Los expertos en duelo llaman a esto "vínculos continuos". No es fácil, ni deseable, olvidarse de quien murió; especialmente si su vida significó tanto. La tarea de recordar tiene que ver con situar al fallecido en un lugar que permita al doliente continuar la conexión y al mismo tiempo, permitirle volver a invertir en el futuro. Por ejemplo, una viuda puede encontrar consuelo en la creencia de que su marido fallecido está en el cielo y le estará esperando para reunirse de nuevo algún día.

Chela perdió a su hermana pequeña de seis años y mientras lloraba, un pájaro cantor aparecía cada mañana frente a la ventana de su habitación. Chela creía que el pájaro cantor era un mensajero de su hermana y se consolaba cada vez que lo oía cantar. El pájaro cantor se convirtió en su conexión con su querida hermana y le permitió tener valor y afrontar la vida con alegría.

En algunas culturas se acostumbra a no mencionar el nombre de la persona fallecida. Incluso años después de la muerte, muchas personas son reacias a decir el nombre del que murió en presencia de un ser querido porque no quieren provocar lágrimas o tristeza.

Recuerdo haber visitado la casa de la esposa de mi mejor amigo de la escuela, que había muerto hacía muchos años. Se había vuelto a casar y con su nuevo marido había formado una familia. Estaba cocinando lasaña para la cena y mencioné: "La lasaña era una de las comidas favoritas de Jim". Levantó la vista de la cocina y dijo: "Muchas gracias por mencionar el nombre de Jim; mucha gente tiene miedo de decir su nombre en mi presencia".

Ya sea por un tabú cultural o por miedo a provocar las lágrimas de alguien, la gente suele abstenerse de mencionar el nombre de la persona fallecida. Los que están de luto suelen molestarse por ello; quieren hablar de su ser querido fallecido. Recordar a la persona y la relación es una parte importante del camino del duelo.

Las tradiciones culturales y religiosas pueden facilitar el recuerdo. Algunos dolientes celebran el aniversario de la muerte o el cumpleaños del fallecido. En el Día de los Caídos o el Día de Todos los Santos u otras fiestas religiosas, los rituales, las visitas a la tumba o al cementerio, o los servicios de recuerdo apoyan a los que están de luto. El Día de los Muertos en México es especialmente notable. Ese día, se prepara una comida especial (incluido un pan especial) y se lleva al cementerio. La familia limpia la tumba, enciende velas y comparte comida. La zona exterior del cementerio se transforma en un carnaval de música, comida y vendedores de artículos relacionados con el día de los muertos.

En la civilización maya, la creencia en el más allá es esencial. Creen que los muertos siguen viviendo en otra dimensión.

Una poeta de Guatemala expresa la creencia de que los muertos están más vivos después de la muerte.

Están vivos, no están muertos.
Están más vivos que nosotros.
¡Nosotros somos los que estamos muertos!
Doña Juliana, Aldea Vegas Santo Domingo

En la cultura maya, como se cree que los muertos están vivos en otra dimensión, la comunicación con los muertos es un elemento de la vida cotidiana. Se recuerda a los antepasados en oraciones y ofrendas. Si una familia se olvida de rezar por los antepasados, sufrirá dolores y enfermedades. Cuando un miembro de la familia muere, se cree que el espíritu del difunto está presente durante nueve días. En el noveno día, hay un ritual para invitar al espíritu del difunto a trasladarse a su lugar de descanso eterno. Si este ritual no se lleva a cabo correctamente, el espíritu del difunto puede no marcharse y en cambio quedarse para molestar a la familia.

En los países latinoamericanos, el recuerdo de los difuntos se celebra principalmente el Día de Todos los Santos y el Día de las Almas. El Día de Todos los Santos tiene su origen en la primitiva Iglesia Católica Romana en Europa y fue llevado a América con los colonos. La idea de recordar a los muertos se sincronizó fácilmente en América Latina porque las religiones indígenas ya honraban a los muertos. Las naciones Inca y Quechua conservaban a los muertos en momias. La Iglesia católica no tuvo muchos problemas para integrar el Día de Todos los Santos en América Latina. El Día de Todos los Santos y el Día de las Almas (o Día de los Muertos) se celebran consecutivamente (1 y 2 de noviembre).

Aunque recordar es una tarea importante en el camino del duelo, no siempre es fácil. Cuando la muerte fue trágica, traumática o violenta, los dolientes suelen recordar el acontecimiento de la muerte. Especialmente si el doliente fue testigo de la muerte, más tarde, cuando el doliente recuerda al ser querido que murió, el recuerdo del trágico incidente puede inundar las emociones.

Los sobrevivientes del terremoto de Haití de 2010 esperaron durante días ante los escombros de un edificio en Carrefour. Podían escuchar las voces de los niños atrapados en el interior del edificio derrumbado, pero los rescatistas no pudieron sacarlos. Esperar con esperanza y desesperación mientras los seres queridos sufren hasta morir es traumático no solo para los que mueren sino también para los testigos. Los dolientes que han sido traumatizados pueden querer bloquear el recuerdo del trauma; las emociones son demasiado abrumadoras para traerlas de vuelta.

En el norte de Sri Lanka, una viuda de la guerra contó cómo perdió a sus dos hijos en la guerra. El primer hijo fue reclutado a la fuerza y murió en la guerra. El segundo hijo murió en su presencia cuando cayó un proyectil de un bombardeo aéreo. Cuando la guerra terminó, la enviaron a un campo de rehabilitación durante seis meses. El tiempo no ha sanado el trauma. La madre sigue despertándose por las noches atormentada por los horribles recuerdos de la bomba que mató a su segundo hijo. Será un reto para ella separar el recuerdo del suceso traumático del recuerdo de la vida de su hijo y su relación con la familia.

El objetivo de la tarea de recordar es recordar a la persona que murió, así como la relación que el doliente tenía con la persona que murió. El objetivo es recordar a la persona, no el trauma, pero el trauma se interpone en el recuerdo del ser querido. La manera de ayudar a los dolientes traumatizados es invitarles amablemente a compartir una historia sobre sus seres queridos. Puedes preguntar: "¿Cómo era ella cuando era niña?". "¿Recuerdas algún momento en el que se divirtieran juntos?" "¿Cómo era su personalidad?" "¿Cómo era tu relación con ella?" Se trata de invitar al doliente a hablar de la persona que ha fallecido y no del suceso traumático que causó la muerte. Puede llevar años, pero el recuerdo del suceso trágico debe dar paso a los recuerdos entrañables de la vida vivida de quien falleció.

El vínculo continuo con el fallecido puede ser tan fuerte que el ser querido sobreviviente se desespera por comunicarse con él. En algunas culturas, los médiums ofrecen sus servicios para facilitar la comunicación con los muertos. Los historiadores cuentan que Martha Lincoln, la esposa de Abraham Lincoln, estaba angustiada por la muerte de su hijo. Estaba tan desesperada por comunicarse con su hijo que se puso en contacto con una médium para que fuera a la Casa Blanca a realizar una sesión de espiritismo (una reunión en la que se intenta establecer contacto con los muertos). Su marido, Abraham, no tuvo paciencia con su extraño comportamiento y la amenazó con enviarla a un hogar para enfermos mentales.

Los rituales funerarios, los servicios conmemorativos y las fiestas nacionales que honran a los muertos contribuyen a recordar sanamente a los seres queridos que murieron.

Capítulo Siete

————•◆◆◆◆◆•————

La búsqueda del sentido de la perdida

Otra de las tareas del duelo es la búsqueda de significado. "¿Por qué murió mi ser querido? Esta es una pregunta muy común y en cuanto nos hacemos la pregunta "¿Por qué?" nos encontramos de repente en territorio espiritual. Cuando un cirujano sale de la unidad de cirugía e informa a la familia de que el paciente ha muerto, la primera respuesta suele ser la pregunta "¿por qué?". En ese caso, es posible que no pregunten por la causa médica de la muerte, aunque eso es lo único que el cirujano puede ofrecer como explicación. El cónyuge puede saber que fue un cáncer o un paro cardíaco, pero la pregunta "¿por qué?" entra en un terreno filosófico y espiritual. La viuda puede atormentarse con preguntas como: "¿Por qué me abandonó mi marido?". "¿Por qué no luchó más por vivir?" "¿Por qué Dios no curó a mi ser querido, después de tantas oraciones?". ¿Es Dios indiferente a nuestro sufrimiento?" "¿Cuál es el significado de la muerte de mi ser querido?"

Recuerdo a una mujer cuyo hijo murió a causa de un conductor ebrio. Estaba muy enfadada con el conductor. La pérdida de su hijo le parecía una injusticia sin sentido. Se unió a un grupo de madres contra los conductores ebrios, y abogaron contra la conducción bajo los efectos del alcohol. También participó en un grupo de apoyo al duelo para apoyar a otras madres que habían perdido a sus hijos. Lo hizo durante unos seis años. Al principio, participaba en el grupo de apoyo al duelo para calmarse y consolarse a sí misma. Después de un tiempo, su compasión creció por otras madres que estaban sufriendo la pérdida de sus hijos. Decidió seguir participando en el grupo de apoyo al duelo para apoyar a otras personas. Encontró un nuevo propósito a través de su participación en el grupo. Ayudar a otras madres a superar su duelo le dio un nuevo sentido a su vida.

Tras el tsunami de Sri Lanka, una madre que vivía cerca de la costa contó que había perdido a su marido y a sus hijos cuando llegaron las olas. Se sintió angustiada por haber sobrevivido ella sola y, en oración, exigió una respuesta a su pregunta: "¿Por qué he sobrevivido yo sola?". La respuesta llegó cuando miró a su pueblo devastado y vio a tantos niños que habían perdido a sus padres. Ella había perdido a sus hijos y sentía una compasión especial por los niños que habían perdido a sus padres. Comenzó a acoger a los niños y a cuidarlos hasta que pudieran reunirse con sus familias o parientes. Dijo: "Pronto comprendí por qué sobreviví. Dios me dejó con vida para que pudiera cuidar de los niños que habían perdido a sus padres". Esto se convirtió en su nuevo sentido de la vida. Sabía que nunca podría recuperar a sus propios hijos, pero podía hacer algo de valor para honrar a sus hijos. Su creencia que debe haber una razón por la que ella sobrevivió, mientras el resto de su familia murió, transformó su perspectiva de vida.

El 4 de julio de 2018, una niña llamada Amelia necesitaba una cama en la Unidad de Cuidados Intensivos de un hospital de Valparaíso, Chile. Con un año y 9 meses, Amelia sufría una dolencia respiratoria. A los padres les dijeron que no había ninguna cama disponible en la UCI. Amelia murió en la sala de espera. Sus padres se enteraron más tarde de que había una cama disponible, pero el hospital la reservaba para los pacientes "de pago". Los padres estaban furiosos por la injusticia de haber perdido a su hija en esas circunstancias. Empezaron a exigir que se investigara lo ocurrido en el hospital aquel día. También iniciaron un movimiento popular llamado "Justicia para Amelia" que concientizaba a toda la comunidad, no solo sobre la injusticia en el caso de Amelia, sino sobre las deficiencias del sistema de salud pública y cómo sigue fallando a los niños pobres de Valparaíso.

Mientras los padres, abuelos, familiares y amigos lloraban la muerte de Amelia, pasaron a la acción para exigir justicia sanitaria para otros niños. Este movimiento, "Justicia para Amelia", creó un legado que transformó el dolor de la pérdida en una acción significativa. El dolor mezclado con la rabia por la injusticia empezó a convertirse en compasión por otros padres y sus hijos. La autora y consejera de duelo certificada, Ligia Houben, en su libro "Transforma tu pérdida", escribe: "Al transformar tu pérdida puedes cambiar tu vida".

Miami, al igual que muchas grandes zonas urbanas de Estados Unidos, sufre una alta incidencia de violencia. Decidimos formar a facilitadores de grupos de apoyo al duelo especializados en pérdidas complicadas debidas a la violencia. Un matrimonio asistió a nuestro taller de formación y contó su historia de pérdida. Su hijo había muerto acuchillado en la escuela. Estaban devastados en su dolor y furiosos con el chico que mató a su hijo. Acudieron a todas las audiencias judiciales para asegurarse de que se hiciera justicia. Eran cristianos y luchaban contra el mandato de Cristo de "amar a tus enemigos". No estaban dispuestos a perdonar al que mató a su hijo. La exigencia de justicia y la lucha por perdonar o no perdonar se convirtieron en una lucha espiritual que complicó su dolor. Sintieron una profunda compasión por otros padres que habían perdido a sus hijos a causa de la violencia, por lo que formaron un grupo de apoyo al duelo en su iglesia. Cuando las noticias de la televisión informaban de un incidente en el que un niño había muerto a causa de la violencia, se ponían en contacto con los padres y los invitaban a su grupo de apoyo al duelo. Su camino de compasión les llevó a transformar su pérdida en activismo de apoyo a los padres en duelo. Aunque su activismo no devolvió a su hijo a la vida, fueron capaces de transformar parte de ese dolor en una acción significativa en nombre de otros padres. Fueron capaces de transformar la rabia en compasión y servicio.

Reconstruyendo la fe

Al principio del camino del duelo, muchos de nosotros estamos tan enfadados, confundidos y abrumados por las emociones que no queremos oír nada de Dios. Podemos estar enfadados con los médicos, con el hospital, con el conductor ebrio o con el agresor, y proyectamos ese enfado en Dios. Como resultado, podemos distanciarnos de Dios y de la religión. Cuando los ayudantes bien intencionados se acercan y dicen cosas como "Dios tiene el control", nos enfadamos aún más. Por educación, puede que no digamos nada, pero pensamos: "Si Dios tiene el control, ¿por qué permitió que nuestro ser querido muriera?". Puede que oigamos a la gente decir: "Su ser querido ya no sufre; está en un lugar mejor". Y tú piensas: "No la quiero en un lugar mejor; la quiero aquí conmigo". Durante ese tiempo en el viaje del duelo, las personas religiosas pueden convertirse en una molestia y, en lugar de consolarnos, nos dan más motivos para estar enfadados con Dios. Declaraciones como "Deberías estar feliz; ahora tienes un ángel en el cielo". Solo sirven para aumentar nuestro enfado.

Con el paso del tiempo, podemos llegar a un punto en el que queramos reconciliarnos con Dios. Recuerdo a un rabino de Argentina cuya esposa murió cuando los terroristas bombardearon una sinagoga en Buenos Aires. Dijo: "Sentí tanta rabia por la injusticia y me enfurecí contra Dios, pero pronto me dije: he perdido a mi mujer, que era mi compañera más querida en la tierra, ¿también quiero perder ahora a mi Dios?". Continuó diciendo: "Decidí permanecer cerca de Dios, especialmente en mi momento de necesidad".

El deseo de reconstruir nuestra fe puede llegar lentamente. Puede que tengamos muchas emociones complejas que abrazar y soltar antes de estar preparados para reparar nuestra relación con lo divino. Tu líder de fe puede intentar arreglar tu relación con Dios en el funeral, pero en ese momento puede que no estés en un estado emocional que te permita sanar esa herida, especialmente si sientes que Dios te ha abandonado.

Pueden pasar meses o años antes de que estés preparado para reconciliarte con Dios. En ese momento, puede resultarte útil volver a tus raíces espirituales. ¿Recuerdas algún momento en el que Dios estuvo a tu lado? ¿Recuerdas algún momento en el que hayas sentido alegría? ¿Puedes recordar un momento en el que sentiste que "todo está bien con mi alma"? Trata de entrar en ese espacio y ver si puedes recordar un verso de las escrituras o una canción que tuvo un significado profundo para ti en ese momento.

Recuerdo una conversación que tuve con una mujer mayor que estaba en rehabilitación por una operación de cadera. Me dijo: "Quiero recuperar mi alma antes de morir". Le pregunté si podía recordar un momento en el que se sintiera conectada a su alma. Respondió: "En la escuela dominical". Entonces recitó dos salmos de memoria. Uno de los salmos era el 23. Le pedí que volviera a recitar el salmo, despacio. Cuando dijo el verso "Él restaura mi alma" la detuve y le pregunté quién es el que restaura el alma. Ella estuvo de acuerdo en que es Dios quien restaura el alma. Y sonrió en ese breve momento de despertar. Siguió hablando de reconectarse con Dios recordando su conexión cuando era una niña.

La tarea de reconciliación con Dios no es exclusivamente obra nuestra. Dios está involucrado en la restauración de nuestras almas y en devolvernos la relación con lo divino. "El Señor es tierno y compasivo, lento para la ira y grande en amor". (Salmo 103.8)

La tarea de recibir apoyo continuo

El viaje del duelo no es algo que quisiera hacer solo. Vivimos en una comunidad. Tenemos familia, amigos, conexiones sociales, grupos sociales y religiosos, y vecinos. No estamos solos. No tenemos que atravesar el camino del duelo solos. Sin embargo, muchos de nosotros nos cerramos y nos aislamos de las conexiones sociales al principio del camino del duelo. Nuestro dolor es tan crudo que no sabemos cómo compartirlo. A medida que pasa el tiempo, reconocemos nuestra necesidad de apoyo continuo. Para algunos de nosotros, la pérdida de un ser querido cambia nuestro papel en la familia, y simplemente no podemos aislarnos porque somos necesarios para apoyar a otros en la familia. A algunos nos gusta vernos como guerreros espirituales y como tales no necesitamos a nadie más. Puede que veamos la vida a través del lente del héroe espiritual que viaja por el camino de la vida, solo yo y Dios. Para las personas que son solitarias o extremadamente independientes, puede ser difícil recibir apoyo de los demás. Pero las experiencias de la vida, especialmente las experiencias de pérdida tienen una forma de humillarnos y ayudarnos a reconocer nuestra necesidad de los demás. Thomas Merton dijo famosamente: "Ningún hombre es una isla".

Muchas culturas ofrecen rituales que rodean a una familia en duelo con amor y apoyo. Los círculos de mujeres ofrecen apoyo mutuo. En muchos países, como Estados Unidos, los grupos de apoyo surgieron como una tendencia. Hay grupos de apoyo para alcohólicos, drogadictos, padres, pérdida de mascotas, cáncer y duelo (por nombrar algunos). En el mundo de la educación sobre el duelo, recomendamos encarecidamente la formación de grupos de apoyo al duelo. Deben estar formados por grupos con pérdidas similares. Por ejemplo, un grupo de apoyo al duelo para padres que han perdido a sus hijos a causa de la violencia. Otro ejemplo sería un grupo de apoyo al duelo para viudas de guerra o víctimas de desastres naturales, como terremotos o tsunamis. Los miembros del grupo formarán un vínculo debido a sus historias similares de pérdida. Los grupos de apoyo al duelo en las comunidades religiosas son especialmente eficaces porque podrán integrar la espiritualidad y el duelo mientras se prestan apoyo mutuo.

Nuestro viaje de duelo nos despierta a la realidad de que necesitamos compañeros que nos acompañen mientras procesamos nuestro dolor. No es un signo de debilidad recibir ayuda de otros. La capacidad de estar abierto a recibir ayuda de los demás es un signo positivo de crecimiento y de superación en el camino del duelo.

Capítulo Ocho

———————·◆◆◆◆◆·———————

La pérdida de la historia futura

"Mira todas las luces y toda la gente en la playa; parece que nos están dando la bienvenida a América". Más de 100 haitianos, apretujados en un barco de madera hecho a mano, pasaron semanas en el mar en su intento de desembarcar en las costas de los Estados Unidos de América, una nación que históricamente ha acogido a los refugiados, al asilo político y a los que buscan la libertad. Qué aplastante decepción para esos haitianos cuando se dieron cuenta de que su grupo de bienvenida no había venido a celebrar con ellos su libertad, sino a detenerlos y llevarlos a centros de detención. Ese fue el momento en que su esperanza se derrumbó. Habían imaginado una "historia futura" en la que obtendrían libertad, oportunidades, seguridad y felicidad. En un momento devastador, perdieron su "historia futura".

La "pérdida de la historia futura" es un tema que surge repetidamente en nuestros grupos de apoyo al duelo. Una viuda se lamenta de que ya no podrá ir de vacaciones a esa cabaña en las montañas de Carolina del Norte tras la muerte de su marido. Un padre de una niña que murió en la UCI neonatal no puede soportar el dolor de entrar en el dormitorio que habían decorado para su recién nacido. Ahora todos esos maravillosos planes y dulces esperanzas de acostar al bebé y leerle cuentos y cantarle nanas antes de dormir se han hecho añicos.

Un niño que perdió a su hermano en un accidente no puede soportar la idea de ir a pescar, ya que su hermano había sido su mejor compañero de pesca. Habían planeado comprar un barco juntos y montar un negocio de pesca deportiva. Ahora esa historia futura se abandonará desde que su hermano murió.

Nuestra capacidad humana de proyectar nuestras historias en el futuro da a nuestras vidas un sentido de esperanza y significado. Cuando nuestras historias futuras, nuestras esperanzas, sueños y expectativas de futuro se ven repentinamente interrumpidas, lamentamos la pérdida del futuro que habíamos visualizado.

Nuestras "historias futuras" dan sentido a nuestras vidas. ¿Te has dado cuenta de que las personas que tienen mucha esperanza viven su vida como si estuvieran en un viaje de aventuras? Siempre están "en camino". La esperanza es una forma de proyectar nuestra vida hacia el futuro. La desesperación puede verse como la ausencia de esperanza: la ausencia de una historia futura. La desesperanza se produce cuando la "historia futura" de una persona parece estar irremediablemente perdida.

Mi cuñada y mi cuñado fueron invitados a la ceremonia de graduación de la clase con la que su hija se habría graduado si no hubiera muerto cuando tenía siete años. A lo largo de los años, los padres habían seguido indirectamente la historia futura de su hija a través de sus compañeros de clase. Ahora, todos estos años después, los compañeros de clase, por iniciativa propia, invitaron a los padres a la graduación y mencionaron su nombre para asegurarles que su hija no estaba olvidada. El significado está a menudo ligado a nuestras historias futuras.

Cuando acompañamos a otros en su viaje de duelo, celebramos cuando un doliente da un paso para recrear su historia futura. Puede que decida volver a salir con alguien. Puede decidir volver a la universidad y cambiar de carrera. Puede decidir adoptar un niño. Puede decidir tomar las vacaciones de sus sueños. Puede que se una a una lucha por la justicia para honrar a su ser querido que murió injustamente. Todos estos son signos de esperanza renovada, de nueva energía invertida en historias futuras recreadas. Dios, que es fiel, nos llama a un futuro lleno de esperanza. El profeta Jeremías anuncia la esperanza de Dios para nuestro futuro: "Porque yo sé muy bien los planes que tengo para ustedes —afirma el Señor—, planes de bienestar y no de calamidad, a fin de darles un futuro y una esperanza". (Jeremías 29:11)

¿Se supera?

Alberto lloró la pérdida de su familia. Abandonó El Salvador después de que las bandas amenazaran su vida. Antes de irse, trasladó a su mujer y a sus tres hijos a un lugar seguro en otra ciudad. El trauma del año anterior había dejado el matrimonio roto y Alberto y su mujer decidieron separarse amistosamente. Alberto viajó a Texas, donde buscó empleo. Esperaba poder mantenerse a sí mismo y enviar la manutención de sus hijos a El Salvador cada mes. Alberto había trabajado como abogado en San Salvador, pero cuando buscó empleo en Texas, rápidamente se enteró de que sus credenciales como abogado no eran reconocidas. Tendría que volver a la Facultad de Derecho y empezar de nuevo. No tenía ni el dinero ni el conocimiento del idioma para estudiar derecho, pero pudo conseguir un trabajo como asistente legal en un despacho de abogados especializado en derecho de inmigración.

Alberto echaba de menos a su familia y su vida en El Salvador. Su inadecuado salario como asistente legal lo dejó desilusionado y en constante estrés financiero. Se mantenía en contacto con su mujer y sus tres hijos a través de llamadas telefónicas y redes sociales, pero el contacto frecuente solo parecía profundizar su dolor. Empezó a sentirse deprimido y perdió la esperanza de poder rehacer su vida. Acudió a su pastor para buscar alivio a su caída en la depresión y la desesperación. Su pastor le sugirió que olvidara su pasado, que lo dejara atrás y que siguiera adelante para crear una nueva vida. El consejo de su pastor provocó una profunda lucha entre dejar atrás el pasado, por un lado, o aferrarse a la esperanza de reparar la relación con su familia. Los hermanos de Alberto también le animaron a olvidar el pasado y seguir adelante, pero tras muchos meses de lucha dolorosa y en oración, decidió que no podía avanzar hacia el futuro sin su familia. Optó por trabajar en la reparación de la relación con el objetivo de reunir a la familia.

Maybell y Manu estaban en su segundo año de matrimonio y aún no tenían bebé. Acudieron a una clínica especializada en fertilidad y, tras varios meses, Maybell quedó embarazada. Estaban encantados con la perspectiva de tener un hijo. Cuando se acercó el noveno mes, reacondicionaron uno de los dormitorios para su niña. Pintaron las paredes de color rosa, compraron una cuna, un cambiador, una manta rosa, juguetes y otros accesorios para preparar el nacimiento. La fuente se rompió inesperadamente un día en que Manu tenía trabajo fuera de la ciudad. Debido a la frecuencia de las llamadas durante la pandemia del COVID, la ambulancia no llegó hasta pasadas dos horas. Los paramédicos atendieron el parto en la ambulancia de camino al hospital. Maybell fue llevada inmediatamente a cirugía de urgencia y el bebé a la UCIN. Manu acudió al hospital en cuanto pudo y se enteró de que su mujer se pondría bien, pero que habían perdido al bebé.

Ahora, su duelo se complica entre los mensajes de los amigos y su comunidad religiosa, así como sus diferentes formas de afrontarlo. Maybell quiere conservar el dormitorio rosa tal y como lo habían preparado. Cree que le ayuda a sentir una conexión con el niño perdido. Manu cree que está loca y que deberían volver a pintar y rehacer el dormitorio por completo. Su forma de enfrentarse a la situación es dejar atrás el pasado y esperar una nueva historia futura. Mientras tanto, Maybell ha caído en una profunda depresión y prefiere aislarse de su familia y amigos. Ha dejado de ir a la iglesia porque no quiere responder a las preguntas de la gente. Manu quiere que se desprenda del pasado y recupere su alegría habitual. Maybell se frustra cuando sus amigos le dicen: "Supéralo. Eres joven. Puedes tener otro bebé". Piensa que no entienden su dolor. Ahora lleva consigo la manta rosa del bebé. Siente que la manta la une a su bebé. Ha creado un vínculo emocional con el niño en su vientre y aún no está preparada para dejarlo ir.

Maybell y Manu decidieron asistir a un grupo de apoyo al duelo en su comunidad religiosa. Allí conocieron a otros padres que experimentaban muchos de los mismos sentimientos, ansiedades y luchas. Llegaron a comprender que hay muchas formas de afrontar el duelo y que no todos lo procesamos a la misma velocidad. Maybell y Manu aprendieron a ser pacientes entre sí y a respetar la forma de afrontar el duelo de cada uno. Pronto volvieron a centrarse en intentar tener otro bebé. Mientras miraban al futuro, a Manu le pareció bien que Maybell siguiera apegada a la manta rosa. Dejó de decirle que "lo superara" y la protegió de las personas bienintencionadas que intentaban precipitar su proceso de duelo.

A medida que el estudio del duelo evoluciona, hemos llegado a comprender que no "lo superamos" pero sí aprendemos a "vivir con ello". Ya no presionamos a la gente para que olvide el pasado. Reconocemos la necesidad de algunos de aferrarse a los "vínculos continuos" con su ser querido perdido. También reconocemos que con el tiempo los significados cambian. Aprendemos a ser compasivos, empáticos y pacientes con los demás y con nosotros mismos.

Duelo saludable

El duelo saludable tiene muchos beneficios. Aunque es doloroso, nos lleva a apreciar más profundamente el hecho de estar vivos. Como nos sentimos tan vulnerables en nuestro duelo, nos despierta la necesidad que tenemos de los demás en un momento de sufrimiento y pérdida. El duelo nos recuerda nuestra íntima conexión con las personas y los lugares que amamos. El duelo nos enseña la empatía y la compasión hacia otros que han tenido pérdidas como la nuestra. El dolor nos permite cultivar una fe más profunda. Cuando nos presentamos para ofrecer apoyo a los que lloran, pronto reconocemos que estamos pisando tierra sagrada. A medida que avanzamos en nuestro viaje de duelo, nos convertimos en seres humanos más auténticos, más capaces de reconocer nuestras faltas y de aceptar a los demás con gracia. El duelo nos enseña a estar más abiertos a los demás. Al abrazar las pérdidas que nos llegan (en lugar de evitarlas) aprendemos los secretos de estar plenamente vivos.

En un duelo sano podemos experimentar momentos de alegría en medio de un profundo dolor. Podemos expresar abiertamente nuestra frustración y nuestra ira. Con el tiempo, las manifestaciones físicas del dolor disminuyen. El duelo sano implica afrontar nuestra culpa y recibir el perdón o perdonarnos a nosotros mismos. Los sentimientos de desesperación son solo temporales. Aprendemos a aceptar la ayuda de los demás.

Duelo no sano (Duelo disfuncional)

El dolor no expresado bloquea el acceso a nuestra alma. Negarse a llorar hace más daño que bien; solo significa que lloraremos más tarde. Cuando el dolor no se expresa se endurece como un corazón de piedra. Un corazón congestionado no puede estar totalmente abierto a la sanación. El duelo malsano nos desconecta de nuestro ser emocional. Algunos síntomas de un duelo disfuncional son:

- Hablar del difunto en tiempo presente
- Fingir que el fallecido está de viaje
- Dejar los objetos personales como estaban
- Deshacerse de todo
- Minimizar la relación
- Mantenerse constantemente ocupado
- Recurrir a las drogas o al alcohol para aliviar el dolor.

Capítulo Nueve

◆◆ ◆ ◆◆

Cuando el duelo es traumático

Aproximadamente a la 1:25 de la madrugada del 24 de junio de 2021, el condominio Champlain Towers South, situado frente a la playa, se derrumbó. Noventa y ocho personas murieron entre los escombros del edificio de 12 pisos. Once resultaron heridas y 35 fueron rescatadas de la parte del edificio que no se derrumbó. Para los que escaparon por poco, los heridos y los que presenciaron el derrumbe, los recuerdos traumáticos les perseguirán durante muchos años. La pérdida de vidas asociada a una catástrofe provocada por el hombre, así como a las catástrofes naturales, suele ser traumática.

Los supervivientes que buscaron a sus seres queridos en los edificios derrumbados tras los terremotos de Haití podrían calificar para lo que llamaremos duelo traumatizado. Mientras que algunos educadores de duelo dirían que toda pérdida de vida es traumática si involucra a su ser querido, otros sostienen que no toda pérdida de vida es traumática. Este autor ha estado trabajando con grupos de apoyo al duelo durante treinta años y ha observado que los síntomas de trauma son reportados por aquellos participantes que presenciaron personalmente una muerte por violencia o un accidente trágico, que intentaron, pero no pudieron rescatar a una víctima que murió, o que escaparon por poco de la muerte en un evento con víctimas masivas.

Pablo, un compañero de seminario, llamaba a la puerta de mi dormitorio a veces a las tres de la mañana. Abría la puerta y veía a Pablo de pie, con aspecto pálido, o como si hubiera visto un fantasma, y yo sabía que había sufrido otra pesadilla postraumática. Había servido como jefe de pelotón en Vietnam y había sufrido la pérdida de muchos de sus compañeros. Sufría un trastorno de estrés postraumático (TEPT), así como lo que ahora llamamos "daño moral". En esas noches en las que me despertaba, teníamos un acuerdo por el que íbamos a un restaurante, bebíamos café, comíamos tortitas y hablábamos hasta la mañana o hasta que se sintiera lo suficientemente tranquilo como para volver a su habitación. Se apegó a mí porque yo era el único veterano de la guerra de Vietnam que asistía al seminario ese año. Los síntomas del trauma le hacían muy difícil concentrarse en clases. Al final tuvo que abandonar los estudios. En aquel momento, no entendía nada sobre el duelo complicado debido al trauma. Ahora, diría que sus síntomas sugieren que sufrió una pérdida traumática.

Más recientemente, en uno de nuestros grupos de apoyo al duelo, un participante (le llamaremos David) contó que tuvo un accidente de coche de camino al aeropuerto tras una visita a su ciudad natal. Una antigua novia le había llevado al aeropuerto, pero en el camino chocaron. Ella acabó muerta tumbada encima de él. Los bomberos tardaron horas en abrir el coche y sacar el cadáver de ella. La pérdida de la vida en esa circunstancia sería traumática para la mayoría de nosotros.

En Sri Lanka, realizamos un taller para viudas de guerra. Las viudas contaron muchas historias de pérdida de seres queridos cuando les llovieron las bombas. Algunas de ellas acudieron al taller con miembros perdidos y heridas emocionales que parecían imposibles de sanar. Estar presente cuando tu marido o tu hijo es asesinado por una bomba, o por una bala, se calificaría como una pérdida traumática. Sería de esperar que las víctimas sufrieran los síntomas del trauma durante muchos años.

Desde que desarrollamos nuestro modelo de apoyo al duelo basado en la fe, hemos realizado talleres a nivel internacional tras las catástrofes naturales. Las historias que surgieron en los talleres de la India, Sri Lanka, Perú, Chile, Colombia y Haití, por mencionar algunos, nos inspiraron a profundizar en la experiencia de pérdida de los participantes. No podíamos ignorar las manifestaciones del trauma asociadas al duelo.

El acontecimiento traumático

Recibir una llamada telefónica que te informa de que un primo ha muerto en un tsunami a miles de kilómetros de distancia no es, evidentemente, lo mismo que presenciar la muerte mientras te agarras a tus seres queridos y huyes de las olas que se acercan. El suceso fue traumático si estuviste cerca y si luchaste por sobrevivir. ¿Estabas en peligro de perder la vida? ¿Los seres queridos que te rodeaban estaban aterrorizados de morir? ¿Qué hiciste? ¿Cómo reaccionaste? ¿Te quedaste paralizado? ¿Te apresuraste a ayudar a los demás? ¿Qué sentiste durante el suceso? ¿Buscaste seguridad para ti y/o para los demás? ¿Estabas tú o los demás en estado de shock?

Me reuní con un grupo de pastores en una ciudad minera costera del sur de Chile tras un terremoto. Compartieron sus historias sobre lo que hicieron cuando la tierra tembló y todo se oscureció al cortarse la electricidad en toda la región. Informaron de la existencia de una polvareda en el aire que aumentó la confusión y el caos. Una pastora relató cómo reunió a los niños en una zona de la plaza e hizo que los padres pusieran mantas en el suelo para crear un lugar seguro para que los niños se acurrucaran. Organizó a los padres para que vigilaran a los niños y los mantuvieran tranquilos. Se dio cuenta de que los pacientes de un hospital situado al otro lado de la plaza salían a la fría noche vestidos únicamente con una liviana ropa de hospital. Pidió a un vecino que tenía un autobús que lo aparcara frente al hospital. Organizó a los voluntarios para que ayudaran a los pacientes ancianos a subir al autobús y, una vez dentro, cerraron las ventanas y las puertas para proteger a los ancianos de la fría brisa marina. Los demás pastores se quedaron asombrados e inspirados por su valor y su espíritu de calma en un momento en que la mayoría de la gente estaba en un estado de pánico emocional. Para la mayoría de la gente, el suceso fue traumático, pero para algunos, el suceso evocó una respuesta compasiva inmediata para ayudar a los demás.

Síntomas continuos de la pérdida traumática

Cada vez que Berta oía el pitido de un tren, se quedaba helada hasta que reconocía que solo era un desencadenante que la devolvía emocionalmente al choque de trenes en el que casi perdió la vida. Recordaba el chirrido de los frenos, el choque del metal contra el metal, los vagones descarrilados y lanzados como si fueran juguetes. Recordaba estar atrapada entre los restos del tren, preguntándose si moriría antes de que llegaran los rescatadores. La llevaron a un hospital cercano donde se recuperó hasta el punto de poder ser trasladada a un hospital cercano a su casa. Los meses de recuperación y la terapia de rehabilitación se complicaron con momentos de intenso miedo, angustia y recuerdos recurrentes del suceso. Sufrió flashbacks y pesadillas, y un miedo duradero a los trenes. Estos son los típicos síntomas continuos del trauma.

Los supervivientes de catástrofes naturales y otros sucesos traumáticos suelen tratar de evitar el lugar donde ocurrió el suceso. Berta evitaba los trenes. Los supervivientes de un tsunami pueden evitar ir a la costa. Los supervivientes de un terremoto pueden evitar entrar en los ascensores de los edificios altos. Los supervivientes de accidentes de tráfico pueden intentar evitar la intersección en la que se produjo el accidente. También existe la evitación emocional, que incluye el deseo de aislarse y evitar reunirse con personas que puedan preguntar sobre el suceso traumático. Algunos pueden sentir la culpa del superviviente. Otros pueden unirse a un movimiento para hacer justicia. Las víctimas del trauma suelen quejarse de que no pueden dormir, se sienten irritables o enfadadas y saltan si alguien se acerca por detrás o les sorprende. Las víctimas de la violencia pueden sentirse hiper vigilantes cuando caminan por la calle. Desde el punto de vista espiritual, tras un acontecimiento traumático, muchos supervivientes se preguntan por el sentido de la vida. ¿Cuál es su propósito? Pueden sentirse vacíos, destrozados, enfadados con Dios y espiritualmente perdidos.

El "yo" postraumático

La historia de la pastora de Chile que ayudó a organizar la seguridad de los niños y los ancianos ilustra la importancia del YO. Era una mujer cuyo YO muestra los rasgos de carácter de la autoconciencia, el autoconocimiento, la intuición, la creatividad, el arraigo en la fe y la motivación por el deseo de servir a los demás. Una persona que tiene un sentido saludable del YO antes de un evento traumático tendrá muchos recursos internos que conducen a la resiliencia y al afrontamiento.

El YO postraumático busca la supervivencia personal y la vuelta a la alegría del YO normal. Las víctimas de catástrofes naturales a veces deben esperar días, semanas o meses para saber con seguridad si sus seres queridos están vivos o muertos. El duelo puede ser negado. Los supervivientes del huracán que azotó el sur de Haití se pusieron inmediatamente en modo de supervivencia. Encontrar comida, agua y refugio debió tener prioridad sobre el duelo. Junto con la pérdida de los seres queridos vienen las pérdidas adicionales de casas, negocios, escuelas, iglesias, ingresos, atención sanitaria y mascotas. El ser postraumático tiene que lidiar con múltiples capas de pérdidas. El sentido de la vida puede cambiar. Ciertamente, el Yo Postraumático tiene que evaluar lo que es verdaderamente importante y lo que tiene más valor. El Yo Postraumático es el autor de la resiliencia.

Los paramédicos llevaron a Jaime al hospital después de haber sido asaltado por unos ladrones. En el hospital, además de las heridas de cuchillo en el pecho, descubrieron que tenía COVID-19. Entre las heridas y el COVID, Jaime estuvo a punto de perder la vida. Cuando le dieron el alta, no tenía trabajo ni lugar donde vivir. Había viajado a una nueva ciudad en busca de trabajo cuando fue agredido. Cayó en una profunda depresión y sintió que su vida estaba tan fragmentada y no valía nada que lo mejor sería acabar con ella. Maldijo su vida fracasada. Se sentía abandonado por Dios. Se sentía culpable de no poder hacer una vida autovalente después de repetidos fracasos empresariales. Había perdido la esperanza de poder salvar un futuro para sí mismo. Se sentía tan devastado y fragmentado que le parecía que había perdido su alma.

Esther también se sentía devastada por el descarado asesinato de su hija adolescente. Esther quedó traumatizada cuando la policía se presentó en su puerta en mitad de la noche para informarle de que su hija había sido asesinada. Se sintió abrumada emocionalmente cuando tuvo que reunirse con los detectives de homicidios. Arrastró su alma cansada durante los siguientes días de preparación del funeral en estado de shock y aturdimiento, como si todo fuera un mal sueño. Muchas veces se dijo a sí misma o a sus amigos: "Esto es tan irreal; parece que no está sucediendo". Antes del asesinato de su hija, ambas habían asistido a una iglesia comunitaria local. Esther cantaba en el coro. Su hija participaba en las actividades juveniles. La comunidad de la iglesia rodeó a Esther de apoyo compasivo, aunque muchos miembros no sabían cómo ayudarla, consolarla o apoyarla. Dichos como: "Tienes un ángel en el cielo". O "Está en un lugar mejor" no ayudaron en absoluto. Esther no se enfadó con la gente por repetir los dichos trillados de la cultura religiosa; comprendió que la gente no podía imaginar el dolor por el que ella estaba pasando.

Esther comprendió que la tragedia de su pérdida la llevaría a un profundo viaje espiritual. El Yo Espiritual tendría que venir a rescatarla. El Ser Espiritual necesitaría encontrar el significado del evento y de su vida mientras ella seguía adelante. Estaba profundamente arraigada en su fe, y se aferraría a la fe en el Señor como un náufrago se aferra a una balsa salvavidas. Con el tiempo, su Yo Espiritual le dio la fuerza y la resistencia necesarias no solo para sobrellevar su duelo, sino para ofrecer apoyo a otros padres en duelo. Esther se apuntó a nuestra formación de facilitadora de apoyo al duelo y pronto creó un grupo de apoyo al duelo en su iglesia. Su grupo ofrecía a los participantes la oportunidad de compartir y socializar y escuchar las historias de pérdida de los demás. Esta actividad dio a su vida un nuevo sentido y vitalidad espiritual. Aunque muchas de las historias que se compartían en las reuniones del grupo de apoyo al duelo desencadenaban algunos de sus recuerdos traumáticos, aprendió a vivir con momentos de tristeza y también con momentos de alegría. Más tarde, se ofreció como voluntaria para hacer visitas a domicilio a los enfermos y descubrió que hablar de su hija y compartir su historia reforzaba su capacidad de afrontamiento. Su Yo Espiritual le abrió el camino a la recuperación del trauma.

En conclusión, podemos ver en las historias contrastadas de Jaime y Esther que la experiencia de una pérdida traumática puede llevar a un duelo prolongado y complicado y a una incapacidad de recuperación, o puede llevar a un profundo viaje de recuperación del alma y de vitalidad espiritual.

Capítulo Diez

¿Cómo podemos ayudar?

Mucho antes de que oyera hablar de los grupos de apoyo al duelo, Roberto, un amigo se pasaba por aquí después del trabajo y me contaba lo triste que se sentía porque su novia le había dejado. En aquel momento, no entendía que estuviera de duelo. No sabía que lloramos todas las pérdidas, no solo la muerte de un ser querido. Roberto estaba sufriendo la pérdida de una relación. Se sentía miserable y no dejaba de hablar de lo triste que se sentía. Tarde tras tarde, pasaba por aquí y me contaba la misma triste historia hasta que me cansé tanto de escuchar sus lamentos que busqué excusas para estar ocupado a esa hora del día. No sabía cómo ayudar a Roberto.

Nuestra primera tarea de ayuda es comprender el paisaje del viaje del duelo. Por eso, en los primeros capítulos de este libro se exponen los fundamentos del duelo. Podemos ser compasivos y más comprensivos si sabemos por lo que está pasando una persona en duelo. Hay tres formas esenciales de ayudar:

1. Co-viaje o acompañamiento
2. Escucha activa
3. Socialización.

Acompañamiento

Para ayudar a un amigo o a un familiar en duelo, lo primero es estar presente, ir a su lado, acompañar al que está de luto. Como hemos aprendido, los que están de luto están pasando por un momento impactante, miserable, temeroso, molesto, agotador y confuso. Puede que quieran aislarse, pero como sabemos por nuestras experiencias culturales que cuando ocurre la muerte, la familia y los amigos se reúnen en la casa de los dolientes. Los amigos, la familia y los vecinos no permiten que los dolientes se aíslen. Algunos llevan comida o cocinan allí. Antes, durante y después del funeral y el entierro, los dolientes suelen estar rodeados de gente. Pero pronto todo el mundo debe volver a su vida y el doliente se queda solo o debe volver al trabajo o a la escuela.

Los primeros días de vuelta al trabajo o a la escuela pueden ser muy incómodos. Es posible que los compañeros de trabajo o de estudios no sepan qué decir y que, debido a su malestar, mantengan las distancias. Eso es lo que me pasó cuando tenía quince años y murió mi hermana pequeña. Cuando volví a la escuela unos días después del funeral, los compañeros mantuvieron las distancias. Me sentí condenado al ostracismo y solo. Ahora comprendo que probablemente se sintieran muy incómodos y tuvieran miedo de preguntarme cómo estaba por temor a que pudiera compartir emociones fuertes que ellos no eran capaces de manejar. Afortunadamente, tenía un amigo que caminaba a mi lado y, aunque no hablábamos mucho de mi hermana, era útil que no me tratara como a un leproso. Me invitaba a hacer deporte. Con él, me sentía incluido y no rechazado.

Algunas notas sobre los niños en duelo

Los niños menores de cinco años pueden no entender la muerte, sin embargo, un bebé sentirá la pérdida y la ausencia. Los niños menores de cinco años pueden no entender que la muerte es permanente y que sus seres queridos no volverán vivos. Los niños pueden preguntar: "¿Voy a morir yo también?". Pueden preocuparse por haber causado la muerte de alguna manera, por sus comportamientos o pensamientos. Si sus padres mueren, una preocupación inmediata es: "¿Quién cuidará de mí ahora?".

En algunas culturas, se espera que los niños sean vistos y no escuchados. Los adultos a veces creen que los niños no se afligen o que "ya se les pasará". En consecuencia, el dolor de los niños puede ser ignorado por los adultos que los rodean.

Los niños de entre cinco y diez años entienden que la muerte es permanente. De repente son conscientes de la mortalidad. Se afligen, pero se apresuran a volver a jugar. Esto es normal. Pueden preguntar sobre la muerte, la causa, los detalles, y quieren respuestas concretas.

Los adolescentes en duelo buscan la amistad y la compañía de sus compañeros. Un adulto puede intentar ser un ayudante para los adolescentes y descubrir que el adolescente prefiere pasar el rato con amigos de su edad.

Los niños deben estar acompañados cuando asisten a un funeral o entierro. Un primo, tía o tío adulto debe sentarse al lado del niño y explicarle lo que ocurre y responder a sus preguntas durante los rituales de luto. Hay que animar a los niños a que participen; tienen derecho a hacer el duelo. Se debe incluir a los niños en los rituales de luto.

Los niños tienen derecho a llorar y a expresar su dolor, pero en algunas culturas se les dice: "Los niños grandes no lloran". O: "Ahora eres la mujer de la casa". Algunas culturas desalientan la expresión del dolor. Mientras que otras culturas incorporan a los jóvenes en la plena expresión del dolor en los rituales de duelo. Los adolescentes reflexionarán sobre el significado de la vida y la muerte. Comprenderán que la muerte tiene consecuencias para el futuro de los que sobreviven.

Algunos jóvenes pueden intentar sobrellevar la situación minimizando la importancia de la relación. Un hijo puede reaccionar ante la muerte de un padre diciendo: "De todas formas no estaba tan unido a mí". Este es un intento inconsciente de minimizar el dolor. Tras la muerte de un padre o de un hermano, un joven puede dejar de lado a algunos amigos y buscar asociarse con amigos que hayan tenido una pérdida similar.

Al igual que en el caso de los adultos, debemos recordar que el duelo es una experiencia única: cada persona se aflige de manera diferente, a menudo dependiendo de la cercanía de la relación, las circunstancias de la muerte y la personalidad del que está de duelo. (El duelo de los niños es un tema complejo y requiere un libro completo, pero el propósito aquí es ofrecer un resumen, no un estudio exhaustivo).

Volviendo al tema del acompañamiento, concluimos que los adultos y los niños necesitan el apoyo de los amigos. Tener un amigo al lado en el viaje del duelo fomentará la expresión de las emociones, el intercambio de recuerdos, la exploración de preguntas y la experiencia del amor incondicional.

Escucha activa

Cuando trabajaba como capellán en un hospital infantil, los colegas del clero me decían a menudo que ellos nunca podrían hacer ese trabajo porque si un niño se estuviera muriendo o falleciera, "no sabría qué decir". Creían que el párroco, el sacerdote o el clero debían tener un vocabulario con las palabras justas para mejorarlo. Pronto aprendí que ninguna palabra podía arreglar mágicamente el dolor. Sin embargo, algunas palabras hieren o enfadan a la gente. Recuerdo a un médico que rodeaba con su brazo a una madre afligida y le decía: "Lo entiendo". También recuerdo a un médico que le decía a un padre al que había que retirar el soporte vital a su hijo por muerte cerebral: "Sé cómo te sientes". La verdad es que ninguno de nosotros puede decir "lo entiendo" o "sé cómo te sientes" aunque hayamos perdido un hijo, porque el hijo de ese padre es único, y esa relación padre-hijo es única.

Muchos de nosotros crecemos en una cultura religiosa en la que la gente intenta ofrecer consuelo diciendo cosas como: "Está en un lugar mejor". "Ya no sufre". "Deberías estar feliz porque tiene un ángel en el cielo". Durante seis años como co-facilitador de un grupo de apoyo al duelo para padres, los padres me enseñaron que esas afirmaciones les hacían sentirse enfadados. Decían: "No quiero a mi hijo en un lugar celestial; quiero a mi hijo aquí, conmigo, vivo".

Una de las mejores habilidades para ayudar es aprender a guardar silencio y escuchar sin juzgar y sin sentirse obligado a arreglar el dolor. Este conjunto de habilidades no es fácil para los que nos hemos criado y educado en una cultura que no afronta bien la muerte, el morir o el sufrimiento.

Escuchar es un trabajo duro. Es mucho más fácil dar consejos o repetir refranes trillados como: "Dios lo necesitaba más en el cielo que aquí". "Tiene un ángel en el cielo". Escuchar significa que tenemos que oír el dolor, la ira, la rabia por la injusticia, los lamentos tristes. Escuchar puede implicar caminar al lado de alguien que tiene un arrebato de emoción. La expresión de esas fuertes emociones puede hacernos sentir tan incómodos que queramos sugerir al doliente: "Tienes que dejar atrás el pasado y seguir adelante". ¿Damos ese consejo porque nos sentimos incómodos al escuchar el dolor?

A veces, nuestros problemas de duelo no resueltos o los recuerdos traumáticos se interponen en la escucha activa. Cuando murió el padre de Jacob, se puso en contacto con su mejor amigo,

Pedro, para hablar y buscar apoyo. Pedro quería ayudar a su amigo Jacob, pero cada vez que éste empezaba a hablar de la pérdida de su padre, Pedro se inundaba de emociones tristes y sentía ganas de huir. No podía escuchar el dolor de Jacob. Quería ayudar a Jacob, pero escuchar su dolor era demasiado doloroso para Pedro. El padre de Pedro abandonó a la familia cuando Pedro tenía solo cinco años. La madre de Pedro se afligió profundamente durante muchos años. Su dolor se convirtió en una depresión paralizante que la llevó a perder su empleo. Toda la familia sufrió. Pedro nunca superó su enfado con su padre. Cuando Jacob venía a casa y quería hablar de su dolor por la pérdida de su padre, eso desencadenaba los problemas no resueltos de Pedro con su padre.

Al escuchar, debemos ayudar al doliente a aceptar la realidad de la pérdida. Una enfermera me pidió que visitara a una madre en la Unidad de Cuidados Intensivos. Su bebé había muerto, y ella tenía al niño en brazos, lo mecía y le hablaba como si aún estuviera vivo. La enfermera me dijo que la madre negaba que el bebé hubiera muerto, a pesar de que los médicos, las enfermeras y los trabajadores sociales le habían repetido la triste noticia. Me senté a su lado y escuché. Me pidió que rezara. Recé. Ella siguió hablando con el niño como si estuviera vivo. Le pedí que me hablara de él. ¿Cómo era? ¿Algún recuerdo favorito? La escuché mientras hablaba de su hijo. Luego, tras una larga media hora, depositó el cuerpo en la cama y le dio un último beso antes de marcharse. Esto significó que dio el primer paso para reconocer que la muerte había ocurrido, y entró en el espacio emocional de lidiar con las emociones de la pérdida. Los oyentes pueden ayudar animando a los dolientes a hablar de sus sentimientos.

Un oyente también puede ayudar animando al doliente a recordar a la persona fallecida. Si la muerte fue traumática, la tarea de recordar puede verse saboteada por los recuerdos del trauma. En ese caso, el oyente debe animar al doliente a compartir los recuerdos de los buenos momentos con la persona fallecida. Aleja la conversación del acontecimiento traumático y acércala a los recuerdos de la persona fallecida. Decir el nombre del fallecido puede ser útil.

Por último, los oyentes pueden ayudar a dirigir la conversación hacia la esperanza, el futuro y el sentido de la vida. Deja que el doliente tome la iniciativa. Nuestro papel no es presionar al doliente para que encuentre la esperanza o redefina el sentido de su vida. Escucha sin imponer y sin juzgar.

Socialización

Hay una canción muy conocida, "Nadie sabe los problemas que he visto. Nadie conoce mi dolor". El himno expresa lo que muchos de nosotros sentimos cuando hemos perdido a un ser querido. Nos sentimos solos, aislados e inconsolables. Sentimos que nadie puede conocer o entender nuestro dolor. Sin embargo, cuando nos sentamos en un círculo de otros padres o hermanos que han perdido a un hijo o a un hermano o hermana, y escuchamos sus historias de pérdida, empezamos a sentir compasión por los demás, y crecemos en nuestra conciencia de que no estamos solos. Esther perdió a su hija en un acto aleatorio de violencia armada. En su trabajo y en su iglesia recibió apoyo, pero ninguno había experimentado una pérdida similar a la suya. Tras el asesinato de Trayvon Martin en Florida, empezamos a ofrecer una formación de apoyo al duelo para padres cuyos hijos habían muerto a causa de la violencia. Cuando Esther se unió al grupo, escuchó muchas historias de padres que habían sufrido un dolor similar. Aunque la historia de pérdida de cada uno era única, Esther se sintió solidaria con ese grupo. Se sintió más comprendida, menos juzgada y con una profunda compasión.

Organizó un grupo de apoyo al duelo en su iglesia. El grupo no ofrecía asesoramiento ni consejo, sino un espacio sin prejuicios para que los dolientes compartieran sus sentimientos con honestidad. Una muerte traumática crea una herida profunda y a veces un alma fragmentada. Los dolientes se sienten destrozados y rotos. Una de las cosas más útiles que podemos hacer es crear un espacio acogedor donde los dolientes se sientan lo suficientemente cómodos como para compartir sus heridas y ofrecer apoyo mutuo.

Un fin de semana, llevé a mi familia a Miami Beach, donde disfrutamos de una tarde de relax en la arena y jugando con las olas. Cuando salimos de la playa y llegamos al paseo lateral, nos lavamos la arena en la ducha y nos estábamos secando cuando un grupo de adolescentes en monopatín se detuvo frente a nosotros. Acudieron a socorrer a un desconocido, también patinador adolescente, que se había caído en la acera y hacía gestos de dolor. Levantaron al chico caído, que les mostró su rodilla ensangrentada. Me di cuenta entonces de que un chico tras otro mostraba al chico nuevo sus cicatrices de caídas anteriores. Compartieron sus heridas como si fueran insignias de honor. Me di cuenta de que era la primera vez que se encontraban porque, después de mostrar sus cicatrices, se presentaron por su nombre.

De camino a casa, reflexioné sobre lo que había visto. El encuentro entre un grupo de patinadores con un desconocido, también patinador adolescente, se convirtió para mí en una metáfora de la socialización saludable. Los adolescentes, al compartir sus heridas, nos ofrecen a los adultos un buen ejemplo. Los adultos tenemos a menudo la idea de que ser duro y fuerte significa no mostrar ninguna debilidad. Como resultado, acabamos sintiéndonos solos. Los adolescentes nos enseñan que compartir nuestras heridas es una forma de crear vínculos. Eso es lo que ocurre en un grupo de apoyo al duelo. Compartimos nuestras heridas emocionales y al hacerlo creamos un fuerte vínculo de compasión entre nosotros. Cuando compartimos la alegría con los demás, nuestra alegría aumenta. Cuando compartimos el dolor de nuestras pérdidas con otros, nuestra carga de dolor se aligera.

Nuestra respuesta a la pregunta "¿Cómo podemos ayudar?" es ofrecer el modelo de Grupos de Apoyo al Duelo basados en la fe. Aunque muchos dolientes pueden experimentar inicialmente una relación estresada y ansiosa con lo divino, es común que eventualmente regresen y reconstruyan esa relación. Recomendamos un grupo de apoyo basado en la fe porque la gente suele utilizar el lenguaje de la fe en sus intercambios. Si eres católico romano y quieres compartir en un grupo de apoyo al duelo católico romano que encuentras consuelo rezando el rosario, nadie en el grupo se molestará contigo. Pero, si estás en un grupo laico o en un grupo de apoyo de otra fe, puede que te cuestionen cuando hables de rezar a la Virgen. Te recomendamos que busques un grupo que sea coherente con tu fe.

Un grupo de apoyo al duelo basado en la fe ofrecerá un lugar seguro para los dolientes. Será un espacio sin prejuicios y compasivo. Ofrecerá una oportunidad para explorar las pérdidas y recibir información y apoyo de otros. Aunque tu experiencia de pérdida es única, puede que sientas por primera vez que este es un grupo que hace que tu dolor se sienta más normal. Es un lugar donde puedes hacer un nuevo amigo.

Recuerdo a dos mujeres que se hicieron amigas después de unirse a nuestro grupo de pérdidas parentales. Contaron que una vez al mes iban juntas al cine y veían la película más triste que encontraban para poder "llorar a gusto". Después, iban a tomar un café y un pastelito y hablaban de ello. El compañerismo y la socialización son ingredientes importantes en la receta para sanar el duelo.

No podemos arreglar el dolor de otra persona, pero podemos ayudar escuchando, acompañando y siendo un amigo. Cuando escuchamos, podemos sentirnos incómodos, pero escuchar es útil porque los dolientes necesitan un testigo de su dolor. Podemos ayudar animando al doliente a hablar de la persona fallecida, a compartir recuerdos de "los buenos tiempos" y de cómo era la relación con el fallecido. Podemos ayudar acompañando a los dolientes a los rituales de duelo. Podemos animar a los dolientes a reflexionar sobre el legado del ser querido que ha muerto. Podemos participar en la planificación de rituales de recuerdo o conmemoración. Podemos ayudar escuchando activamente mientras el doliente explora el significado de la pérdida. Podemos ayudar invitando a los dolientes a unirse a un círculo de dolientes (un grupo de apoyo al duelo) que comparten las tareas mutuas en curso de hacer frente a sus pérdidas, aprender a dar sentido a sus pérdidas, y volver a invertir en la vida hacia adelante.

Capítulo Once

En el peregrinaje del duelo, experimentamos muchas emociones y reacciones ante la pérdida. La poesía es una forma de expresar esas emociones. En este capítulo, cada poema expresa emociones comunes al viaje del duelo, seguidas de una breve explicación de esa estación del duelo.

Negación de la pérdida

Díganme, alguien, cualquiera, que solo es un sueño.

Consuélame con mentiras blancas; me agarraré a cualquier cosa

Para protegerme de este dolor, de este shock, de esta cruda verdad

Que desgarra mi último reducto de seguridad y

   Arroja mi paz a un extraño desierto.

Ni siquiera diré la palabra "muerto" ya que

Mi amado, para mí, sigue vivo, incluso misteriosamente

Presente, mientras sigo aferrándome

A esa vida tan inconmensurablemente preciosa.

Cuando nos enteramos de que un ser querido ha muerto, especialmente si es inesperado, nuestra primera reacción puede ser decir: "No me lo puedo creer". Es posible que estemos tan conmocionados por la noticia y tan embargados por la emoción que no seamos capaces de asimilarla. Negar la realidad de la muerte es mucho más fácil que soportar el dolor de la pérdida.

Shock

Adormecido por el shock, me niego a aceptar
La noticia demoledora que me deja desamparado.
"No es verdad", se lamenta mi corazón
No puedo creer que me hayas dejado solo.

Mi corazón rechaza la dolorosa noticia
No merezco cantar canciones melancólicas
Mi alma y tú están destinados a ser
Para siempre uno, solo tú y yo.

Mis emociones son como un caleidoscopio
El caos, el dolor y la pérdida de la esperanza.
No puedo soportar que no estés aquí
Tu alma siempre ha estado tan cerca

Quiero abrazarte una vez más
Abrazarte y consolarte como mío
Antes de enviarte al cielo
Para ganar tu alegría y gloria coronada.

Es posible que "cerremos" nuestros sentimientos en un intento inútil de amortiguar el dolor. Es posible que queramos entrar en un largo y profundo sueño y, con suerte, despertarnos para saber que todo fue solo una pesadilla. Pero, por mucho que nos resistamos, al final nos vemos obligados a aceptar la realidad de la pérdida.

Durante este tiempo, es sabio permitir que nuestra familia, nuestros amigos y nuestra comunidad de fe estén presentes para nosotros y con nosotros. Ellos no pueden cambiar la realidad de la pérdida, pero pueden ser nuestros compañeros durante este período en el que luchamos con la pérdida de un ser querido.

Afrontar las emociones del duelo

Luchando en el bosque de la pérdida
Mi alma se extiende
Sintiendo el dolor mientras espera la alegría
Aprendiendo de qué se trata.

Anhelando la alegría que una vez conocí
¿Qué es lo que ahora me puede hacer completo?
Señales de tu amor me rodean.
Recuerdos entrañables nutren mi alma.

Luchando en la espesura de la pérdida
Siento tu corazón tan cerca.
Anhelando palabras de consuelo
que transformen este dolor en alegría.

El salmista preguntó: "¿Cómo puedo cantar la canción del Señor en una tierra extraña?" Sentimos el duelo como una tierra extraña. Una parte de nuestra identidad se ha perdido. La gente intenta mostrarnos el camino, pero no hay camino. Tenemos que hacer nuestro propio camino. Paso a paso, aprendemos a ser amables con nosotros mismos. Las emociones punzantes salen a la superficie; no sabemos cómo responder. No podemos evitar para siempre el dolor. En el fondo de nuestra alma sabemos que debemos atravesar esa "tierra extraña" del dolor que oprime antes de liberar.

Recordando

¿Dónde están las sonrisas?
Ricas como la miel
Que ya no están
Perdidas en las profundidades
De un lodazal de ayer.

¿Dónde están las sonrisas?
Una vez tan familiares
Una vez tan fácil
¿Volverán a este corazón
anhelante?

Un duelo saludable no tiene nada que ver con dejar ir y olvidar a nuestro ser querido. De hecho, una de las tareas del duelo es recordar. La muerte no pone fin a una relación; cambia y se transforma, pero el vínculo continúa, y los recuerdos son una forma saludable de mantenerse conectados. Recordamos encendiendo velas en días especiales, llevando flores al lugar de la tumba, revisando álbumes de fotos y contando las historias que captan la esencia y el carácter de nuestro ser querido. Compartir un recuerdo de un ser querido es una forma de expresar la verdad de que la vida de esa persona fue significativa y marcó una diferencia en nuestra vida.

Viviendo con la pérdida

He pasado por
Todas las páginas escritas
Y por fin he llegado
A esta página en blanco, y
En este hermoso espacio
No sé nada
No soy nadie
Invisible
Desconocido
Aquí esperaré
En un cómodo capullo
Hasta que un amigo venga
Y me libera
Y tome mi mano
En un nuevo día.

En el viaje del duelo puede haber una temporada que se siente como la página vacía entre capítulos. Nuestra vida anterior no ha terminado, y nuestra vida futura no ha comenzado, y esperamos que algo o alguien nos ilumina el camino para que la vida pueda comenzar de nuevo.

Vínculos continuos

¿Cómo llamo a esto?
Como una paloma matutina sorprendida
por un gato que se abalanza, tú
me sacudiste y me despertaste
de mi meditación matutina.

¿Qué es esto?
Canciones familiares y encantadoras
Calman mi espíritu de todas las fuentes
Cada melodía y letra
Te trae de vuelta a mí.

¿Qué pasa?
Corro a través de la lluvia
Esquivando gotas de lluvia, pero cada una
Se siente como una rociada
De tu suave toque.

¿Cómo puedo explicar esto?
Paso la página
a un verso poético
Y cada frase
Dice tu nombre

¿Qué hago con esto?
Pongo mi cabeza en la almohada
Buscando el descanso de mi trabajo
Y un recuerdo tuyo, provoca
Una sonrisa; suspiro profundamente.

Al recordarte
Continúa el vínculo
De amor.

La muerte no pone fin a la relación con nuestros seres queridos que han fallecido. El impacto y el significado de la relación siguen influyendo en nosotros después de la muerte de un ser querido. Seguimos sintiendo una conexión con nuestros seres queridos mucho después del funeral.

Perdido

Los recuerdos me despiertan
Como un sueño que se despliega,
El horizonte que se eleva,
Revelando escenas familiares.
Redescubro el terreno
De caminos solitarios,
De emociones recordadas.
¿Es un déjà vu?
¿Es una ilusión?
Esta cita con el dolor.

Camino hacia el presente
Buscando lo que queda
Ilusorio.
Lo abrazo todo;
no bastará con la mitad del corazón.
La voz de mi alma susurra:
Sé
Quien eres
Para llegar a ser.

El duelo puede provocar una pérdida del alma, un sentimiento de que el Yo se ha perdido. Podemos enfadarnos por no poder volver fácilmente a ser la persona que una vez fuimos. A medida que pasa el tiempo y viajamos por esa "tierra extraña" que es el duelo, el alma empieza a empujarnos suavemente para que volvamos a invertir en la vida. El alma parece hacernos señas para que salgamos de nuestro capullo de dolor y volvamos a reclamar nuestra vida, para abrazar plenamente a la persona en la que estamos destinados a convertirnos.

El buscador de sentido

Para todo hay un tiempo
y un tiempo para cada cosa bajo el cielo
...un tiempo para derribar, y un tiempo para edificar;
Un tiempo para llorar, y un tiempo para reír;
Un tiempo para llorar, y un tiempo para bailar
Eclesiastés 3:1,3,4

Cuando nos preguntamos: "¿Cuál es el significado de esta muerte?", nos encontramos en territorio espiritual. Una muerte en una catástrofe natural, como un tsunami o un terremoto, parece no tener sentido. Una casa puede quedar completamente destruida mientras que la casa de un vecino queda intacta. Una familia puede perder varios hijos mientras que otra no pierde ninguno. La gente intenta explicar la causa o la razón del desastre. Pueden decir que es la ira de Dios. Dios nos está castigando por nuestros comportamientos desviados. Otros pueden culpar a causas humanas como la ingeniería o la construcción defectuosa de los edificios derrumbados. A medida que escuchamos las historias de dolor, puede que crezca nuestra empatía y compasión y que dejemos de centrarnos en "quién tiene la culpa" y nos dediquemos a ayudar a los demás en su dolor. Nuestro dolor puede transformarse al tratar de encontrar justicia o recompensa por la pérdida. Podemos decidir cambiar de profesión. Podemos involucrarnos como voluntarios para ayudar a las víctimas de los desastres. Puede que encontremos un nuevo significado al reinvertir en la vida, tal vez como un legado en nombre de alguien a quien amamos, pero perdimos.

Viviendo sin ti

Sigo volviendo a esa
foto especial tuya.
Mis dedos acarician
Tu hermoso rostro, y
me traen de vuelta a esos
Preciosos momentos en que
Tus ojos brillantes y
sonrisa de miel se burlaban
y me hacían cosquillas en el alma.

Las fotografías tuyas
Revelan tu esencia
Como la fragancia
De tu colonia
Me lleva de vuelta a ti
Y tu dulce recuerdo
Todavía provoca mi sonrisa.

Cuando éramos niños, a veces intentábamos huir de nuestra sombra en un día soleado, pero por muy rápido que corriéramos o por muy rápido que nos lanzáramos y esquiváramos, nuestra sombra se aferraba a nosotros y no nos soltaba. Nuestro dolor es como esa sombra; nuestra conexión con la persona que perdimos continúa el apego; la muerte no puede romper el vínculo amoroso. No necesitamos huir de nuestra sombra del dolor; podemos poseerla, reclamarla y abrazarla porque es lo que ahora tenemos que nos une al ser querido que perdimos. Sin embargo, anhelamos las sonrisas que nos recuerdan la alegría que compartimos. Queremos recuperar a nuestro ser querido. Queremos volver a sentirnos nosotros mismos.

Valor ante la adversidad

Luchas y conflictos
Golpean tu alma
Como el oleaje furioso
que golpea la orilla.

Sin embargo, frente a las dificultades
Te doblas como la palmera
Que resiste los vientos persistentes
Pero, no se rompe.

Sonríes ante la adversidad
Subes para alcanzar las alturas de la montaña
Tus heridas revelan quién eres
Valiente príncipe guerrero.

Algunas personas descubren que cuando se enfrentan a la adversidad surge una fuerza de resiliencia. Experimentan una oleada de fuerza interior y descubren que son capaces de superar los retos como nunca habían imaginado. La lucha por sobrevivir y prosperar en los momentos difíciles hace aflorar una cualidad de héroe en su carácter que tal vez nunca pensaron que tenían. Cuando los amigos ven su respuesta heroica a la adversidad, pueden decir: "No sabía que lo llevabas dentro".

Compasión

Lágrimas derramadas de angustia
Lágrimas derramadas de dolor
Como un puente a la distancia del tiempo
Que une tu alma a la mía
Tu dolor se siente tan real
Mi corazón por ti anhela sanar

Lágrimas derramadas suavemente
liberan la pena
Las has llorado todas antes
Tu pérdida ahora se suma
Al dolor de hace tiempo, pero
Tu alegría volverá con el tiempo.

Te aliviaría
Te abrazaría
Tu dolor lo tomaría como propio
Alegraría tu día
Nunca te dejaría solo
Pero, este triste camino es tuyo

A ti te rescataría
Te aliviaría del dolor
Tus cargas las llamaría mías
Pero este sendero en el bosque
De pena y dolor
Es un peregrinaje que tiene tu nombre.

La compasión nos obliga a sentir el dolor de nuestros amigos. A veces somos tan compasivos que deseamos rescatar a nuestros amigos de su dolor. Nuestras intenciones son legítimas, nuestro amor es verdadero, pero a veces no sabemos cómo ayudar. Puede pasar un tiempo antes de que comprendamos que lo mejor que podemos hacer es simplemente ser un amigo. No podemos quitarle el dolor a otro, pero podemos ser un compañero en un viaje que en verdad le pertenece.

Una oración para un tiempo de luto...

Señor, cuando me encuentro en el caos del dolor
Te pido que seas mi refugio y mi fortaleza.
Cuando sea débil, dame fuerza,
Cuando pierda el ánimo, guíame hacia la esperanza,
Cuando la soledad me invada, *abrázame* con la comunidad,
Cuando el sufrimiento me quite la voluntad, crea en mí un nuevo sentido,
Cuando la oscuridad me *venza*, sé tú mi fuente de luz,
Cuando caiga en la desesperación, guíame hacia la tierra de la promesa,
Cuando la tristeza me debilite, renueva en mí tu alegría.
Dios bondadoso, haz que cada momento de dolor y angustia me despierte.
Tu ayuda *constante* me lleve a ser consciente de tu presencia amorosa.
Renueva en mí la capacidad de amar cada día hasta ese glorioso día en que la Paz y la alegría se renueven en tu santa y eterna presencia. Amén.

(Todos los poemas fueron compuestos por Dale Alan Young)

Algunas Reflexiones Finales

A hora que entendemos que el duelo es un viaje individual y que algunas personas tardan más en adaptarse y empezar a reinvertir en la vida de nuevo, ya no sentimos la compulsión de apresurar a la gente para que "lo supere". Además, puede que hayamos llegado a reconocer que nuestros intentos de poner una tirita al dolor de los demás pueden tener sus raíces en nuestra historia personal de incomodidad con la muerte y el morir. Ahora vemos que cada historia de dolor es diferente y tiene múltiples dimensiones psicológicas, sociales y espirituales.

Aprendimos que consolar a los que están de luto no es fácil y que requiere habilidades para escuchar y acompañar sin juzgar. Aprendimos que el duelo no es algo que se supera, sino que es un viaje que continúa y que aprendemos a vivir con él. El duelo se gestiona conectando con nuestro ser espiritual.

Cuando aceptamos la llamada y la misión de consolar a los que lloran, respetamos humilde y profundamente la individualidad del viaje, la cultura y la fe de cada persona. En lugar de intentar moldear a los dolientes según nuestro modelo de lidiar con el duelo, celebramos la maravillosa diversidad de expresiones culturales del duelo. Honramos al doliente con respeto a su cultura, su fe y su historia de vida.

Gracias a ti, lector, y a todos los que han respondido a la llamada de acompañar a los afligidos. Que Dios les bendiga y les dé la fuerza, la sabiduría y la compasión para consolar a los que están de luto.

Epílogo

Q uiero agradecer al lector que invierte su tiempo en aprender sobre el camino del duelo y cómo puede consolar a los que lloran. Para obtener más recursos e ideas, visita mi sitio web: www.globalgriefsupport.org.

Otros libros de este autor: visita

www.amazon.com/author/youngdale-alan

o visita www.soulrefresh.org

El título del libro se inspira en Mateo 5: 4 *"Dichosos los que lloran, porque serán consolados".* El subtítulo reconoce las múltiples pérdidas de la "tierra extraña" a la que hace referencia el Salmo 137: *"¿Cómo podemos cantar el cántico del Señor en tierra extraña?".*

Este libro se ha inspirado en los numerosos participantes en los talleres de duelo de todo el mundo y, sobre todo, en los que continúan con la labor de escuchar y acompañar a los que sufren. Si este libro te ha parecido un recurso valioso, puedes ayudar enviando una "reseña del libro" a Amazon.com. Cómo escribir una reseña de un libro para Amazon - YouTube

Made in United States
Orlando, FL
05 May 2024

46514455R10075